本书为吉林省教育科学"十四五"规划 2023 年度重点课题"高校校企联合培养创新人才模式研究"（课题号：ZD23045）阶段性研究成果。

吉林财经大学资助出版图书

吉林省先进制造业与现代服务业融合发展研究

Research on the Integration and
Development of Advanced Manufacturing and
Modern Service Industries in Jilin Province

李硕　李阳　刘东来　刘宇涛　著

社会科学文献出版社
SOCIAL SCIENCES ACADEMIC PRESS (CHINA)

目　录

第一章

吉林省先进制造业和现代服务业融合
发展的重大意义

一　先进制造业和现代服务业融合发展的背景

随着信息技术的发展扩散，原来基于工业经济时代大规模专业化分工的产业边界逐渐模糊或消融，融合发展出现新的产业形态和模式，这成为经济增长和企业价值增长新的源泉和动力。自 20 世纪 70 年代以来，制造业中间投入出现服务化趋势，生产性服务业与制造业之间的关系越来越紧密、融合度越来越高、边界越来越模糊，呈现融合互动、相互依存、相生相伴的发展态势，人类经济活动由产品经济转向服务经济，生产体系由制造化转向服务化、现代化。全球企业培育两业融合发展新业态、新模式、新路径已是大势所趋。

在此背景下，2015 年党的十八届五中全会通过的《中共中央关于制定国民经济和社会发展第十三个五年规划的建议》明确了我国要加快建设制造强国，同年在确立从制造业大国向制造业强国转变的基础上，提出进行"两化融合"。2018 年 12 月，中央经济工作会议进一步提出"要推动先进制造业和现代服务业深度融合"，建设制造强国，推动制造业转型升级，这无疑对中国制造业和服务业的融合发展，提升制造业综合竞争能力、构建完善现代产业体系、实现高质量发展具有深远意义。2019 年的《政府工作报告》指出，要把重点放在推进制造业高质量发展、增强产业基础、增强科技创新能力、推进先进制造业与现代服务业的融合发展、加快制造业强国的步伐上。2019 年 11 月，为了明确我国先进制造业和现代服务业的深度融合发展，国家发改委等 15 个部门联合印发《关于推动先进制造业和现代服务业深度融合发展的实施意见》，提出了加快推进先进制造业和现代服务业深度融合的具体措施。2022 年 10 月 16 日，习近平总书记在党的二十大报告中明确指出，构建优质高效的服务业新体系，推动现代服务业同先进制造业、现代农业深度融合。更是强调了产业之间融合发展是现代经济高质量发展的必然趋势。

2020 年 7 月，习近平总书记在吉林省考察时指出，当今世界制造业竞争激烈，要抢抓机遇，大力发展战略性新兴产业，实现弯道超车。吉林省政府近年来非常重视制造业与服务业的融合发展，积极搭建了吉林省制造业与服务业融合公共服务平台，先后下发多份指导性文件，每年立项资助重点企业推动制造业服务化发展。2016 年，吉林省政府印发了《吉林省推进制造业与服务业融合发展行动实施方案》，旨在推动形成 3~5 个具有较强示范作用的制造业和服务业融合发展试点城市，形成 15~20 个具有较强辐射带动能力的制造业服务化试点开发区，培育 30~50 家具有较强竞争力和影响力的制造业服务化试点企业。上述方案的实施切实帮助吉林省部分制造业企业有效实现了服务化转型发展，有效促进了吉林省制造业企业服务化发展进程。2020 年，吉林省发改委在发展环境、用地、金融、人才队伍等方面对试点单位给予政策支持；2021 年，《吉林省服务业发展"十四五"规划》提出"一核引领（长春）、四圈协同（长吉平、延边、松白、辽通白）、多区支撑（省级现代服务业集聚区）"的现代服务业发展空间格局。根据《关于推动先进制造业和现代服务业深度融合发展的实施意见》的指示要求和工作部署，吉林省及时总结和提炼工作过程中的创新典型做法和新机制、新路径等，形成可借鉴、可示范、可推广的经验成果，形成一批积极创新、卓有成效、质量优异、示范影响深远的深层次融合发展的企业和区域，促使两业融合发展成为推动吉林省先进制造业高质量发展的强力支撑。制造业是吉林省工业发展的重要支柱产业。在新一轮东北振兴中，吉林省在汽车、轨道客车、卫星、通用航空等领域加快改革步伐，不断提升发展动力，筑牢了实体经济"压舱石"。截至2021 年底，吉林省工业经济展现较强韧性，吉林省工业重点产业汽车制造业、石化产业、食品产业、医药制造产业、冶金建材产业、信息产业、装备制造业、高技术制造业大部分实现了同比增长，其中信息产业同比增长 78%。上述发展态势表明，吉林省两业融合发展已经具有良好的产业基础。但是，吉林省制造业绝大部分仍属于传统行业，技术进步、产品研发和产业升级速度缓慢，产品科技含量和附加值不高，缺乏自主知识产权、品牌效应等核心竞争力，更多依靠低劳动力成本优势、低价格竞争优势和扩大加工规模在市场中生存，在制造业分工体系中处在价值链的低端。服务业是降低制造业成本、提升制造业竞争力的关键因素，吉林省制造业要摆脱目前困境，就必须加快制造业与服务业的协同融合，这样才能重塑制造业价值链，培育产业发展新动能。

二　先进制造业和现代服务业融合发展的必要性

吉林省制造业的服务投入比呈逐年增长态势，但制造业服务化程度相对较低，某种程度上制约了全省经济的快速增长。一方面，吉林省的制造业服务化建设企业虽已实现了通过服务业务创造新利润增长点的转变，但是仍处于起步阶段；另一方面，一些即将开展服务业务的制造业企业，正在迈进服务化转型阶段，还没有形成稳定的经济增长点，转型过程中遇到了思维、体制、机制等诸多障碍。与全国其他省份比较，吉林省的发展差距较为明显，新模式新业态还处在较低发展层级，因此，积极探索推进吉林省先进制造业和现代服务业两业融合发展路径有极强的现实必要性。

第一，制造业与服务业融合发展是现代产业演进的客观规律，是推进供给侧结构性改革的基础途径，也是吉林省的重要发展方向。制造业与服务业融合发展已经成为现代产业发展的主流趋势和重要特征，是世界新技术革命和国际产业结构升级的深刻反映，也是当前全球产业转型升级的主要驱动力量。国际经验表明，先进制造业和现代服务业融合发展是制造业转型升级的重要方向，是实现高质量发展的内在要求。正确认识这一趋势，大力推动制造业与服务业融合，对于实现吉林省经济结构的战略性调整，加快服务业发展，推动制造业转型升级，优化产业结构具有重要意义。

第二，推动制造业与服务业融合，是吉林省制造业实现高端制造和全球价值链攀升的必由之路。随着第四次工业革命的发展，云计算、3D 打印、生物技术等新技术不断涌现并得到广泛应用，制造业与服务业融合的趋势将加速。当前，产业分工格局正在发生深刻调整，吉林省制造业亟须补足短板，实现转型发展。工业化进程中产业分工协作不断深化，催生制造业的服务化转型。信息化特别是新一代信息通信技术的深度应用，加速了服务型制造的创新发展。发达经济体的实践证明，发展服务型制造是抢占价值链高端的有效途径。

第三，坚持先进制造业和现代服务业双轮驱动，有利于形成聚合效应、倍增效应和叠加效应。一方面，制造业的转型升级必须要有相匹配的生产性服务业支撑；另一方面，先进制造业在发展进程中本身就会衍生出强大的制造服务业。这种融合既可为服务业发展赢得更大市场空间，又可为制造业升级提供有力支撑。制造业服务化与服务业制造化相向发展，使得产业价值链重构为一条既包含制造业价值链增值环节，又包含服务业价值链增值环节的融合型产业价值链，与原有单纯的服务业价值链和制造业价值链相比，具有更广阔的利润空间和增长潜力。

第四，推进两业深度融合是加快吉林省新旧发展动能转换和有效改善供给体系的迫切需要。吉林省制造业在国内外产业分工体系中总体处在中低端，面临着资源环境约束强化和生产要素成本上升等问题，主要依靠资源要素投入和规模扩张的粗放经济增长方式难以为继。服务型制造能够引导制造业企业以产需互动和价值增值为导向，由提供产品向提供全生命周期管理转变，由提供设备向提供系统解决方案转变。促进服务型制造发展，有利于改善供给体系质量和效益，破解产能低端过剩和高端不足并存的难题，是供给侧结构性改革的新举措。

第五，推进两业深度融合是吉林省适应消费结构升级的重要举措。发展服务型制造，以创新设计为桥梁，推动企业立足制造、融入服务，优化供应链管理，深化信息技术服务和相关金融服务等应用，升级产品制造水平，提升制造效能，拓展产品服务能力，提升客户价值，能够在转变发展方式、优化经济结构中实现制造业可持续发展，打造产业竞争新优势。

| 第二章 |

国内外两业融合发展研究现状

一　国外研究现状

梳理世界发达工业化国家的发展脉络可以发现，它们都经历了科技革命和产业变革。先进制造业和现代服务业的融合发展对提升优化产业结构、完善产业链至关重要。制造业与生产性服务业的关系，一直是国外产业经济学的研究重点，相关的学术论著层出不穷。概括而言，将制造业作为产业的需求方，生产性服务业作为产业的供给方，供给与需求的互动发展使制造业与生产性服务业获得了巨大的发展。总结归纳各种学说，主要有三种理论：供给说、需求说和融合说。

供给说认为，生产性服务业的发展带动了制造业的兴盛，制造业的繁荣是在生产性服务业高水平发展的基础上得来的。Riddle（1986）以迂回生产理论为工具解释制造业与生产性服务业之间的关系，他认为生产性服务业是助力剂，能够促进其余产业部门的发展。Grubel 和 Walker（1989）通过研究发现，生产性服务业高端化发展能够大力提升制造业的生产效率，维持制造业企业的竞争力。反之，当生产性服务业处于相对短缺的状态，尤其是高端生产性服务业相对匮乏时，制造业的发展会受到某种程度的阻碍，企业提升其产品竞争力的难度会加大，区域经济发展也会相对缓慢。Quinn 和 Doorley（1988）从微观视角出发，发现短时间内与顾客的有效沟通以及及时的市场反馈会让企业获得成功，而与顾客的有效沟通和及时的市场反馈是生产性服务业的内容。Faeeell 和 Hitchens（1990）通过实证研究发现，一个国家或地区生产性服务业的发展程度对制造业的发展程度有直接的影响，低水平的生产性服务业对制造业升级是严重制约。Eswaran 和 Kotwal（2002）通过研究发现，生产性服务业的发展会促进制造业的分化，制造业发展会更加专门化、精细化，大大降低生产成本。Raff 和 Ruhr（2001）使用 1976～1995 年美国在 25 个国家的投资面板数据分析生产性服务业 FDI 和制造业 FDI 之间的需求关系，结果显示制造业的投入成本会因生产性服务业种类的增多而下降，使该国的制造业投资吸引力大幅提升。

需求说认为，制造业的发展催生了生产性服务业，生产性服务业是制造业发展到一定阶段自然分化的产业部门，生产性服务业是制造业的引致产业部门。Cohen 和 Zysman（1987）认为制造业是众多服务业发展的基础，当制造业处于较低发展水平时，服务业的需求无从谈起，生产性服务业也就缺少发展基础。Lunolvall 和 Borras（1998）认为制造业的服务部门在制造业发展的过程中逐步获得收入，具有了服务业的特征，慢慢脱离了制造业，成为一个独立的产业部门。

Guerrieri 和 Meliciani（2005）通过投入产出模型，对六个 OECD 国家进行研究，发现制造业与生产性服务业之间存在密切关系，作为生产性服务业最重要的需求方，高水平的制造业需要专业化的生产服务，而高水平的制造业又会提升生产性服务业的国际竞争优势。

融合说认为，生产性服务业与制造业的关系不能简单地从一个方向考虑，要充分考虑二者间的互动融合作用。Park（1994）通过对 26 个国家的投入产出表进行分析，认为伴随着制造业的快速发展，服务业的需求也会快速增加，催化出了生产性服务业，生产性服务业的发展也会反过来推动制造业的升级。Porter（1990）认为制造业要向高端化发展，需要更多的专门化、专业化的生产要素投入，即制造业升级离不开生产性服务，而高水平的制造业又会拉动生产性服务业的高水平发展。Hansen（1990）认为生产性服务业和制造业的相互融合，对于专业化分工、提高生产率有着重要意义，在制造业的生产环节加入高质量的技术服务，有利于降低制造业的生产成本，推动制造业升级。Veeraraghavan 和 Scheller-Wolf（2008）通过对 1994～2005 年美国纽约的制造业企业进行调查发现更多的制造厂商选择从市场采购研发、设计等生产性服务。James 和 Tien（2011）认为生产向定制化转变催生了新的生产方式，这些生产方式促进了服务和制造的结合，出现了服务货物这一概念，而这种生产性服务产品会带来巨大的经济发展助力。Ulaga 和 Reinartz（2011）通过研究产品和服务成功融合的关键因素，认为制造业与生产性服务业在融合的过程中要注意本身具有的独特资源和能力并做好整合，重点处理风险评估与规避、数据处理与分析、服务设计、部署、产品与服务一体化五个关键因素。

以上三种学说从不同角度解释了生产性服务业与制造业融合发展，可以说，三种学说代表了制造业与生产性服务业融合发展的不同时期。在早期的制造业大规模批量化生产阶段，企业会不断增加生产性服务的投入，即制造业的产业需求催生了生产性服务业。随着制造业继续升级发展，交易成本逐渐增加，专业化的生产性服务可以帮助制造业降低交易成本，促进制造业转型升级。随着市场专业化程度的提高，制造业与生产性服务业的融合会进一步加深，二者相互促进，共同发展。

二　国内研究现状

（一）先进制造业与现代服务业融合的动因

近年来，中国先进制造业与现代服务业融合的程度不断加深，两业融合趋势越来越明显，制造业的服务化水平不断提高，许多传统制造业企业自主探索与服务业的融合发展，产生了具有自身产业特色的发展模式。但目前来看，两业融合的程度还不够深，包含的企业还不够全面，融合发展水平还不够高，与制造强国建设和经济高质量发展的要求还有差距。张树义（2007）指出，随着信息通信技术不断发展和广泛应用，传统制造业和服务业之间的界限越来越模糊，先进制造业和现代服务业融合发展趋势越来越明显，这在服务价值高于实物价值的高科技产品的生产上体现得更加明显①。王玉珍（2008）认为先进制造业与现代服务业之间存在"耦合发展"的内在现象，是因为现代生产力的快速发展②。周晔（2010）指出基于在市场纷繁复杂的环境下生存发展的目的，传统制造业加大对生产服务的投入力度③。张晓莺（2011）指出传统制造业将自身的服务给服务业企业来做，这样的方式也促进了两业融合发展④。刘兆麟（2012）认为先进制造业和现代服务业的融合发展是现代产业演进的必然结果，也是促进工业化发展和调整经济结构的重要方式⑤。刘川（2014）认为促进两业融合发展的现实问题是更好地发展先进制造业和现代服务业，使之更好地参与国际竞争与合作⑥。周景丽（2017）通过分析指出山东省先进制造业和现代服务业的融合主要基于专业化分工的三个方面，即服务业外包机制、制造业价值链的分化重组、信息技术的交互创新⑦。孙金城（2019）认为，随着时代的进步，以人工智能、大数据等为代表的新一代高新技术迅速发展，成为促进制造业与服务业融合的全新动力，这种新的发展方向和融合

---

① 张树义. 论上海先进制造业与现代服务业的融合 [J]. 现代商业，2007（23）：191－192.
② 王玉珍. 浅论现代服务业与先进制造业的耦合与发展 [J]. 市场周刊（理论研究），2008（5）：3－6.
③ 周晔. 先进制造业与现代服务业的融合发展及其启示 [J]. 开发研究，2010（6）：118－121.
④ 张晓莺. 江苏先进制造业与现代服务业的融合发展研究 [J]. 中国物流与采购，2011（19）：70－71.
⑤ 刘兆麟. 湖北：先进制造业与现代服务业融合发展的思考 [J]. 宏观经济管理，2012（4）：70－72.
⑥ 刘川. 产业转型中现代服务业与先进制造业融合度研究——基于珠三角地区的实证分析 [J]. 江西社会科学，2014（5）：59－65.
⑦ 周景丽. 山东省先进制造业与现代服务业融合动因分析 [J]. 科技视界，2017（24）：17－18.

有利于传统制造业数字化、智能化、网络化，也促使新产业及新模式出现[1]。

（二）先进制造业与现代服务业融合的限制因素

先进制造业与现代服务业融合不是将两者简单相加，而是使先进制造业和现代服务业实现深度融合。目前我国的制造业和服务业各自稳步发展，但二者之间的"拉动力"和"推动力"不足，制造业和服务业的融合发展存在一定的障碍。张晓莺（2011）指出，制造业和服务业是两个独立的产业，经过多年的发展早已各自具备独特的发展方式与经营模式，两业融合之后，二者改变以往的发展经营方式，在前期往往需要投入更多成本，企业的经济效益也会随之降低。此外，两业融合发展还没有太多的经验借鉴，前景尚不明显，存在一定的风险[2]。张同庆（2013）认为传统思维影响、发展起步较晚、规划与政策尚不完善等原因都是影响两业融合发展的关键因素[3]。胡晶（2015）通过分析提出先进制造业与现代服务业在创新融合的发展模式中侧重点是不同的，现代服务业侧重于组织的创新发展，先进制造业侧重技术的创新发展[4]。高新技术的创新动力不足，一些关键技术需要从别国借鉴。此外，随着全球化的推进，国际竞争日益加剧，加之我国生产要素投入成本上升，我

---

① 孙金城. 先进制造业和现代服务业怎么深度融合 [N]. 人民政协报，2019 - 6 - 19.
② 张晓莺. 江苏先进制造业与现代服务业的融合发展研究 [J]. 中国物流与采购，2011 (19)：70 - 71.
③ 张同庆. 促进滨海新区先进制造业港口经济与现代服务业融合发展 [J]. 港口经济，2013 (3)：5.
④ 胡晶. 工业互联网、工业4.0 和"两化"深度融合的比较研究 [J]. 学术交流，2015 (1)：151 - 158.

国的部分产业出现了向外转移的情况，一部分相关配套企业也会相应转移，这也阻碍了国内两业融合的发展。

两业融合缺乏与之相匹配的机制且信息化水平不高。宣烨（2019）指出没有相适应的机制，会造成产能过剩，市场对于服务业的需求也会降低，不仅不能与制造业进行有效的融合，反而会使得服务业的供给受到重创①。同时，服务业的"自我循环"无法满足制造业的发展，而制造业核心技术不足，主要依靠国外技术引进，虽然发展规模很大，但大而不强，也会影响两者的有效融合。

（三）先进制造业与现代服务业融合的路径选择

有关价值链、产业链的研究如下。刘佳、代明和易顺（2014）以先进制造业和现代服务业融合为研究逻辑，提出价值链上游增强技术水平、价值链下游提高服务水平、产业链一体化发展的产业融合发展路径②。颜廷标（2019）研究发现了两业融合发展的主要思路，即突出特色优势、自主创新能够驱动两业融合发展，延伸价值链③。邓洲（2019）提出了提高用户价值、优化要素结构、提升制造效能、加强扩展服务等具体融合路径④。

---

① 宣烨．要素价格扭曲、制造业产能过剩与生产性服务业发展滞后［J］．经济学动态．2019（3）91-104．
② 刘佳，代明，易顺．先进制造业与现代服务业融合：实现机理及路径选择［J］．学习与实践．2014（6）：23-34．
③ 颜廷标．推动先进制造业与现代服务业的深度融合［N］．河北日报．2019-1-9（007）．
④ 邓洲．制造业与服务业融合发展的历史逻辑、现实意义与路径探索［J］．北京工业大学学报（社会科学版）．2019（4）：65-67．

有关创新驱动、优化制度环境与发展平台的研究如下。段海燕、赵瑞君和佟昕（2017）提出以互联网技术为基础，推动制造业、服务业和互联网企业及平台的融合发展①。盛朝迅（2018）整合的研究路径包括激励制造业向现代服务业转型发展，创建制造业和服务业融合发展的平台载体等②。成青青（2019）提出创建良性竞争的市场环境、加快相关服务平台建设、增强业务关联等政策建议③。张志超（2019）指出要用创新来催动先进制造业和现代服务业深度融合，更好地促进生产性服务业的发展④。迟福林（2019）指出发挥市场的巨大潜力，以高水平开放来不断推动先进制造业和现代服务业向深度融合发展⑤。黄抒予和王馨悦（2020）分析整理了加快落实扶持政策、加大对外开放力度、积极打造两业融合产业集群、打造品牌产业、增强自主创新等路径⑥。

本书针对目前国内外先进制造业、现代服务业以及二者融合的文献研究现状进行了系统的梳理，基本掌握了目前国内外研究的主要内容及趋势。以往学者大多以发达省份及城市的制造业与服务业融合问题为研究对象，研究案例有一定的局限

① 段海燕，赵瑞君，佟昕. 现代装备制造业与服务业融合发展研究——基于"互联网＋"的视角［J］.技术经济与管理研究. 2017（1）：119－123.

② 盛朝迅. 应以新思路推进先进制造业和现代服务业融合发展［N］.中国经济时报. 2018－12－21（005）.

③ 成青青. 江苏先进制造业与现代服务业深度融合发展研究［J］.中共四川省委党校学报. 2019（4）：50－60.

④ 张志超. 推进先进制造业与现代服务业的深度融合［J］.全国流通经济. 2019（22）：146－147.

⑤ 迟福林. 以高水平开放推动先进制造业和现代服务业深度融合［N］.经济参考报. 2019－09－16（001）.

⑥ 黄抒予，王馨悦. 河南推进先进制造业和现代服务业深度融合分析［J］.科技经济市场. 2020（3）：76－78.

性，研究成果仅适用于本地区而不能推广应用到其他地区。对于东北地区的两业融合研究还处于萌芽阶段，从研究视角来看，目前两业融合的研究大多针对国家层面，而缺少地方层面的研究。从研究方法来看，针对两业融合的研究分析主要以文字描述为主，缺少数据和研究方法的支撑，研究结果缺少说服力。从研究案例来看，目前多是研究两业融合后所带来的经济效益，缺少影响因素、存在问题等方面的研究，因此本书希望就以上这些研究问题做进一步深入探索，探究吉林省两业融合的现状、影响因素、存在的问题以及两业融合提升路径。

|第三章|

吉林省先进制造业和现代服务业融合的
核心概念及理论基础

一 核心概念

(一) 先进制造业

1. 概念界定

先进制造业是一个崭新的概念，关于它的概念及内涵目前学术界还没有统一的界定，国内外的学者对先进制造业也都持不同的观点和看法。先进制造业概念的核心在于对其先进性的理解，美国学者在 20 世纪 90 年代初第一次用概念的形式提出了先进制造业，认为只要是拥有先进制造技术的产业就可以归为先进制造业。直到信息时代，信息技术在制造业中得到了广泛的应用，传统制造业的生产技术不断提高，生产方式发生变化，业务流程不断精细化，在这个过程中出现了前所未有的生产模式。黄烨菁 (2010) 提出先进制造业是一种具有先进性和创新性的制造业，是生产技术、组织形式、制造与服务活动的关联形式具有创造性的制造业。① 郭巍和林汉川（2010）提出先进制造业是一种在技术、管理方式、生产模式方面都具有创新性的制造业。② 李舒翔和黄章树（2013）指出先进制造业汲取了高新技术不断发展的成果，并把这些成果运用到制造业产品的研究、发明、生产、管理和后期服务中，真正实现制造业的信息化、智能化和自动化。③ 曹红涛（2017）认为先进制造业在产业、技术、组织管理方式、融合服务四个方面分别具有高端、先进、创新的特点。④ 刘振元（2019）提出先进制造业的特点是随着时代的更迭而不断发展变化的，具有较强的时代性和创新性，从而使先进制造业具有长远的研究意义。⑤ 彭本红（2009）提出先进制造业在产品的生产研发、制造和管理过程中具有信息、智能和绿色的特点。⑥ 原磊和王加胜（2011）提出先进制造业不是新的行业群体，而是改进的传统产业群体，是有着较好经济效益的制造业的总称。⑦

总的来说，目前先进制造业没有统一的概念界定和标准。

---

① 黄烨菁. 何为"先进制造业"？——对一个模糊概念的学术梳理 [J]. 学术月刊，2010，42（7）：87－93.

② 郭巍，林汉川. 北京市发展先进制造业的行业评析与研究 [J]. 北京工商大学学报（社会科学版），2010（6）：103－109.

③ 李舒翔，黄章树. 信息产业与先进制造业的关联性分析及实证研究 [J]. 中国管理科学，2013，21（S2）：587－593.

④ 曹红涛. 中国对外直接投资对先进制造业发展的影响研究 [D]. 武汉：武汉大学，2017.

⑤ 刘振元. 先进制造业生成机理及演化成长动力研究 [D]. 武汉：武汉理工大学，2019.

⑥ 彭本红. 现代物流业与先进制造业的协同演化研究 [J]. 中国软科学，2009（S1）：149－153.

⑦ 原磊，王加胜. 传统产业改造和先进制造业发展 [J]. 宏观经济研究，2011（9）：18－24.

参考以上学者的观点，我们认为，先进制造业是拥有先进的生产技术、生产组织模式、管理方式、市场网络组织的制造业。先进制造业的先进性体现在技术、产业以及管理方式等方面，是具有高创新性、高附加值、高竞争力的制造业。对比传统制造业，先进制造业通过主动吸收电子信息、计算机、机械、材料以及现代管理技术等方面的先进技术成果，并将其集成到研发设计、生产制造、在线检测、营销服务和管理的全过程，从而使生产过程具有信息化、自动化、智能化、柔性化、生态化、系统化特征①。

2. 产业边界

由于对"先进"意义的理解不同，国内外学者和各国政府对先进制造业的产业边界未形成统一的认识，但普遍认为先进制造业是具有先进性的制造业集合体，它的先进性与它所处的时期和经济状况有很大关联，反映了制造业投入的生产要素向高级生产要素转化，生产的产品朝着高新技术方向转变的动态过程。

吉林省是我国制造业发展的主要地区，其中以先进装备制造业（汽车制造、轨道装备、卫星制造）、新材料（碳纤维、碳纤维及复合材料、超高功率石墨电极等）、生物医药等先进制造业为主导，参考国内外学者对先进制造业范围的界定以及《国民经济行业分类》，我们对吉林省先进制造业的界定如表3.1所示。

---

① 凌永辉，张月友，沈凯玲.生产性服务业发展、先进制造业效率提升与产业互动——基于面板联立方程模型的实证研究［J］.当代经济科学，2017（2）：62－71.

表 3.1 吉林省先进制造业范围

行业名称	代码	行业名称	代码
食品制造业	C14	汽车制造业	C36
纺织服装、服饰业	C18	铁路、船舶、航空航天和其他	C37
印刷和记录媒介复制业	C23	运输设备制造业	
石油、煤炭及其他燃料加工业	C25	电气机械和器材制造业	C38
化学原料和化学制品制造业	C26	计算机、信息和其他电子设备	C39
医药制造业	C27	制造业	
通用设备制造业	C34	仪器仪表制造业	C40
专用设备制造业	C35		

（二）现代服务业

1. 概念界定

现代服务业是依托信息技术等现代科技，具备现代管理模式、现代服务理念、现代服务形式、现代经营方式以及现代组织模式的新型服务业。周振华（2005）指出现代服务业不仅具有高附加值的特点，它的专业性和人力资本含量也很高，主要为生产者提供服务[①]。潘海岚（2008）指出现代服务业就是实现服务业的现代化，是技术密集型、知识密集型、信息密集型的现代化生产性服务业[②]。钟云燕（2009）提出现代服务业是对传统服务业的改造和升级，具备信息化、经营管理现代化、知识化以及新兴化的特点[③]。

---

① 周振华. 现代服务业发展：基础条件及其构建 [J]. 上海经济研究，2005（9）：21－29.

② 潘海岚. 现代服务业部门统计分类的概述与构想 [J]. 统计与决策，2008（3）：44－46.

③ 钟云燕. 现代服务业的界定方法 [J]. 统计与决策，2009（6）：168－169.

综合以上学者观点，我们认为与过去的传统服务业相比，现代服务业是以现代科学技术特别是信息网络技术为主要支撑，建立在新的商业模式、服务方式和管理方法基础上的服务产业。它既包括随着技术发展而产生的新兴服务业态，也包括运用现代技术对传统服务业的改造和提升。

2. 产业边界

2012 年科技部发布了《现代服务业科技发展"十二五"专项规划》，现代服务业主要包括两部分，分别是新型服务业和传统服务业。新型服务业是随着技术发展进步而产生的，传统服务业是依靠现代技术改造发展的。

近年来，吉林省的现代服务业快速发展，参考国内外学者对现代服务业范围的界定以及《国民经济行业分类》，对吉林省现代服务业范围界定如表 3.2 所示。

表 3.2　吉林省现代服务业范围

行业名称	代码	行业名称	代码
交通运输、仓储和邮政业	G	水利、环境和公共设施管理业	N
信息传输、软件和信息技术服务业	I	居民服务、修理和其他服务业	O
金融业	J	教育业	P
房地产业	K	卫生和社会工作	Q
租赁和商务服务业	L	文化、体育和娱乐业	R
科学研究和技术服务业	M	公共管理、社会保障和社会组织	S

（三）两业融合

两业融合是指基于技术进步、贸易自由化和制度创新，通过技术资源整合、产业集群发展、产业链条延伸、战略重组等手段，打破原有产业边界，促进产业交叉融合，育成新业态新模式，从而促进先进制造业与现代服务业相互支撑、高效协同、融合互动的动态过程，最终推动产业提质增效升级[①]。

1. 两业融合的表现形式

制造业和服务业融合的表现形式主要分为两种，一种是以制造业企业为融合主体，制造业价值链不断向生产性服务业渗透和延伸，称为"制造业服务化（servitization）"；另一种表现形式是以生产性服务业企业为融合主体，其价值链不断向制造业拓展，称为"服务业制造化（manufacturization）"。

（1）制造业服务化

所谓制造业服务化，一方面，指制造业投入产出的服务化。例如，通过对联想、海尔、中兴、华北制药等 14 家国内大型制造企业的调研证实，产品从开始投入到实现销售全周期，有 80% 以上的时间处于流通销售环节，服务投入占中间投入的 30% ~60% 。

另一方面，指制造业企业经营的服务化。随着制造业体系的不断发展，在工业产品的附加值中，制造加工环节占比越来越低，而研发、设计、物流、营销、品牌管理、知识产权、产品维护等服务占比越来越高。以跨国公司为例，许多跨国制造公司通过战略转型，其主营业务、业务增值、管理模式、盈利来源均以服务为主，成为名副其实的服务企业。

---

① 洪群联. 中国先进制造业和现代服务业融合发展现状与"十四五"战略重点 [J]. 当代经济管理. 2021，43（10）：74 – 81.

（2）服务业制造化

所谓服务业制造化，一方面，指服务业不断向制造业渗透，特别是金融、物流、研发、设计、品牌营销、咨询等服务部门，以制造业为主要市场，为制造业提供服务的比重不断增加。

另一方面，指服务业企业产业链向制造领域延伸，这一现象主要表现在一些在价值链上处于主导地位的服务业企业，凭借其技术、管理、销售渠道、品牌等优势，在全球市场选择工厂进行贴牌生产、连锁经营等方式嵌入制造业企业，共同向消费者提供服务。例如，麦肯锡凭借其人力资源优势为全球制造业企业提供咨询服务，麦当劳凭借其品牌优势在全球选择原材料生产商、加盟店等，沃尔玛通过长期采购物美价廉的"中国制造"商品而获利丰厚。此外，一些服务企业在价值链高端具有核心能力，掌握了核心技术、核心业务，例如，研发企业拥有自己的发明专利、设计机构拥有自主创新设计、物流公司拥有自己的网络等，这些服务业企业利用自身在产业链高端的控制力，寻求全产业链的价值增值，纷纷建立自己的生产加工基地。一些研发机构、设计机构、软件企业利用自主知识产权相继成立自己的制造工厂。

2. 两业融合的特征

制造业和服务业融合的过程主要呈现以下几个特征。

第一，从要素层面看，服务业特别是生产性服务业作为制造业中间投入要素的比重不断提高，服务业在整个产业链、价值链中创造的产出和价值不断提高。

第二，从技术层面看，技术创新是先进制造业和现代服务业融合发展的重要基础和前提条件，特别是新一代信息技术、人工智能等现代技术的应用加速融合进程，催生众多融合新业态。

第三，从企业层面看，企业转型升级步伐加快、路径增多，一些制造业企业转型为"制造＋服务"企业或服务型企业，一些服务企业向制造环节延伸。

第四，从产业层面看，表现为制造业、服务业的专业化水平不断提高，同时也产生制造业和服务业融为一体的新产业。

二　理论基础

（一）创新理论

美国经济学家熊彼特提出了将新的生产要素和新的生产条件相结合的产品创新理论。21 世纪以来，人们越来越多地意识到，信息技术的驱动了知识社会的形成并对创新形成冲击。现代服务业的发展离不开各类科技创新活动和科技成果的运用，而科技进步对现代服务业的促进作用也越来越明显。在技术创新加速的同时，企业的创新能力和对市场的反应速度已经成为影响现代服务业竞争优势的重要因素。新兴技术发展催生的新型服务业极大地拓展了服务业的服务类型和服务方式，推动了服务业的快速发展。以资讯科技的迅速发展为代表的资讯产业，为客户提供电脑软硬件、网络、通信、咨询等服务，在服务行业占比较高；同时，资讯科技也为现代服务业提供了新的服务方式与交互手段，减少了通信费用。所以，无论是在国内还是国外，创新总是成为促进服务业发展的主要力量。

在非技术差异化的策略下，生产性服务变成了"产品"。在买方市场中，消费者对商品的需求从商品本身转向了功能价值，对商品本身的个性化需求日益突出，从而使整个市场的运作规律发生了变化。对于有利于体现消费者自身个性的商品，消费者乐于支付较高的价钱。所以制造业企业是否能够生产出符合顾客个性的异质产品，是实现其产品价值和获得盈利的关键。

（二）协同理论

协同理论的创立者是哈肯，他首先提出了协同的概念，并将其看作各个子系统间的一种协调、同步、非线性的特性。关于协同理论的具体内容，他曾在《协同学导论》等书中提出，主要指即便是完全不同的体系也会互相作用、互相协作；这样，整个系统就会有一些新的特性，这些特性是之前所没有的。在任何系统中，例如，动物和动物之间、社会系统的产业之间、国与国之间都会互相影响，形成一种共同的力量。对于产业生态系统而言，各产业之间、产业与环境之间的融合也是建立依存关系，是一种产业对另一种产业的反应、适应和进化，另一种产业再做出相应的反应、适应和进化，在相互制约中达到相互促进、协作共赢。研究表明，产业生态系统也具备生物群落的特点，多个彼此关联的企业、产业互相合作，通过互惠互利的模式促进群落内的总体资源得到优化利用。产业及产业内企业本就是资源和要素作用于生产力的载体，通过产业间的相互反应、适应、协作、配合与促进，使得不同资源和要素之间形成互动互促、循环利用的模式，再进一步形成产业之间同步协作、和谐发展的良性循环。

（三） 价值链理论

迈克尔·波特提出了价值链的概念，他认为公司的所有活动形成了一条价值链，它涵盖了从购买、制造、销售、售后等各个环节。根据产品的功能，可以将产品分成基础活动和附属活动，基础活动是指产品设计、生产、销售、售后等相关的活动，而辅助活动则是指支持产品的各类活动，如人力资本、技术水平等，它们相互关联，并在同一价值链条上为公司创造价值。

将企业的全流程分为三大类：上游、中游、下游。上游包括研发设计和技术培训，中游包括加工制造、装配和库存，而下游则包括销售、售后服务等。各个阶段都能产生不同的增值，上游和下游的盈利能力都很强，处于微笑曲线的末端，而中游环节的盈利则比较少，处于微笑曲线的底部，这一特点形成了微笑曲线。企业为了增强自身的盈利能力，必须特别重视上游和下游环节的附加价值，只有在这两个方面都具备了竞争的能力，才有可能获得最大的收益和长久的市场竞争优势。制造业企业应向两端服务业延伸，实现制造业与服务业深度融合，才能实现企业的产业升级。

（四） 产业生态圈理论

产业生态圈是指某个（些）产业在某个（些）地域范围内已形成（或按规划将要形成）的以某个（些）主导产业为核心的具有较强市场竞争力和产业可持续发展特征的地域产业多维网络体系，体现了一种新的产业发展模式和一种新的产业布局形式，主要包括以下几个维度。一是生产维，在地域内聚集众多的相互依存、相互协作的企业（即传统意义上说的企业协作、配套群体），这些企业包括专门从事产前、产中、产后的生产企业；横向和纵向的配套、协作企业；龙头和外围的企业；生产某种（些）特殊部件的企业；等等。二是科技维，产业生态圈内形成产业的科研、设计、实验体系。三是服务维，在地域内有各种各样的专业服务型企业（组织），为产业提供方便快捷的市场和信息技术服务、运销服务等。四是劳动维，在地域内有适宜主导产业和各配套及相关产业的熟练劳动力大军；相关的专业人员队伍；精通相关管理和市场营销、掌握相关业务关系网络的管理人员队伍。五是相关的基础设施，如机场、通信设施之于高新技术产业；铁路、港口之于运输依赖型产业。六是公共维或政府维，为了维护圈内的产业发展，地方政府应提供相关的支持政策（包括适宜的产业政策）、法规与服务，维护良好的产业发展环境和秩序，维护生态环境；在必要的时候主导某种适宜的产业组织壮大和发展；具有相关的金融、信贷服务机构（如高科技产业生态圈内的风险投资公司、风险基金等）；进行合理的产业园区规划，建设基础设施和公共设施；创建与产业发展相宜的人文氛围。

| 第四章 |

先进制造业和现代服务业融合发展现状

一 国外发展现状

国外先进制造业和现代服务业融合发展的主体是企业，例如美国的 GE 公司、IBM 公司以及英国的罗尔斯·罗伊斯公司。国外很重视中小企业的两业融合发展，英国在 20 世纪 80 年代成立专职机构提升中小制造业企业的工业设计水平，以方便企业更便捷地了解创新技术、行业研究等信息。德国提出的"工业 4.0"计划特别注重吸引中小企业参与，力图使中小企业成为新一代先进工业生产技术的创造者和供应者。[①] 国外企业积极推广两业融合发展，并取得了良好效果。

（一）两业融合发展注重顶层设计

发达国家常常从国家战略的高度推进制造业和服务业融合

[①] 李子文. 发达国家推动制造业和服务业融合发展的政策实践及启示 [J]. 中国经贸导刊, 2020 (26), 52–55.

发展，如美国为了推进信息技术服务深度嵌入先进制造领域，先后投入了大量资金实施"国家信息基础设施行动计划"和"新一代互联网计划"，并在《先进制造业国家战略》《美国先进制造业领导战略》等重大国家战略中反复强调制造业和信息技术服务融合发展的相关内容。在顶层设计的基础上，着力打造自上而下的两业融合发展制度框架和政策体系，不仅在制造业发展相关的重大国家政策中融入两业融合的理念，也注重积极推动相关部门加快研究制定具体的支持政策。

（二）两业融合逐步深入

国际上各个国家的先进制造业科技服务空前发展，并取得了可观的收入。据统计，美国制造业的从业人员中有34%从事服务类工作，生产性服务业的投入占整个制造业产出的20%～25%；美国GE公司的"技术＋管理＋服务"所创造的价值已经占到公司总产值的2/3以上；英国罗尔斯·罗伊斯公司的服务型收入占公司总收入的比重已经超过60%。[①] 这些数据表明国际上两业融合所创造的价值占比越来越大，两业融合正在逐步深入。

（三）两业融合推动了制造业高端产业链的形成

深厚的技术基础和有力的服务支撑推动国际制造业高端产业链的形成，创造了更高的产业价值。由于长期的技术积累，发达国家拥有几乎所有先进制造业领域的顶尖技术，在两业融

---

① 徐贵宝. 国际先进制造业科技服务融合发展模式与效果分析［J］.信息通信技术与政策.2021，47（5），43－48.

合过程中也尤其重视信息技术、金融、人力资源等高端服务要素投入在制造环节的作用，在制造业领域投入了大量长期、系统、高质量的科技服务，包括政策、科研、投资、专利、咨询、装备工具等。英国政府先后出台了一系列支持政策措施，全面实施国家技能战略，通过高等教育框架为制造业部门的企业培训具有特定技能的人才。

（四）两业融合催生新业态新模式

各国企业之间相互借鉴，在两业融合的探索道路上逐渐催生出新业态新模式。其中，反向服务外包模式和产品服务系统模式较为成熟。

1. 反向服务外包模式

反向服务外包是指发包企业将自己的一部分核心业务外包给跨国服务外包提供商（接包方）的一种业务行为。美国、爱尔兰等均在积极开展反向服务外包模式，根据国际市场的需求，加快软件产业和信息技术服务业的发展，建设大型软件跨国公司产品本土化加工基地，接受大量的外包代加工订单，从而成为服务外包强国。

2. 产品服务系统模式

产品服务系统模式是在制造业企业产品全生命周期服务模式基础上，开展更多高端服务的新型服务体系。将服务销售融入产品销售，增加服务项目，以此作为创收来源，实现企业竞争力以及服务水平的提升。产品不再是一次性出售，而是以月租价出售或作为服务出租。例如，英国的罗尔斯·罗伊斯公司将飞机的整体出售转变为出租，并要求航空公司在租用飞机期间一切保养、维修和售后服务均由罗尔斯公司负责，利用服务收益保证公司持续获得利润。

二　国内发展现状

2015 年，党的十八届五中全会通过的《中共中央关于制定国民经济和社会发展第十三个五年规划的建议》明确指出，加快建设制造强国。此后又确立从制造业大国向制造业强国转变的目标，指出通过"两化融合"（信息化和工业化）来实现目标，并列出了大力发展的十大重点制造业领域，这是两业融合发展的雏形。2017 年，党的十九大报告做出"我国经济已由高速增长阶段转向高质量发展阶段"的论断。2018 年召开的中央经济工作会议提出，要将"推动制造业高质量发展"作为 2019 年七项重点工作任务之首。2019 年 11 月 15 日，国家发展和改革委员会联合工信部等 15 个部门出台《关于推动先进制造业和现代服务业深度融合发展的实施意见》（以下简称《实施意见》），提出先进制造业和现代服务业融合是顺应新一轮科技革命和产业变革，增强制造业核心竞争力、培育现代产业体系、实现高质量发展的重要途径；同时提出要在 2025 年前建设一批具有良好示范作用和带头作用的两业融合试点园区。自此，揭开了我国初步探索先进制造业和现代服务业深度融合发展的序幕。首批两业融合发展试点单位的设立，则正式宣告我国两业融合发展事业进入初步实践阶段。

以 2015 年为起点，国家发改委确定首批两业融合发展试点单位名单（2020 年 8 月）为中间点，将我国两业融合发展历程分为两个阶段：第一个阶段即初步探索阶段（2015～2020年8月）；第二个阶段即初步实践阶段（2020年8月至今）。下文将对两个阶段的发展情况进行介绍。

（一）初步探索阶段（2015～2020年8月）

自2015年国务院提出"两化融合"发展开始，国家出台了一系列推进两业融合的政策文件，其中以2019年国家发改委等15个部门发布的《关于推动先进制造业和现代服务业深度融合发展的实施意见》为主要指导性文件。《实施意见》提出推进建设智能工厂、加快工业互联网创新应用、优化供应链管理等10种两业融合新业态新模式，以及深化制造业、服务业和互联网融合发展、促进现代物流和制造业高效融合等10种探索两业融合的新路径，强调通过强化产业链龙头企业引领作用、发挥行业骨干企业示范效应等5项措施发挥好多元化融合发展主体作用，提供强化用地保障、开展两业融合试点等5项政策保障措施，为我国两业融合发展保驾护航。《实施意见》为我国两业融合事业的发展方向做出了具体指示，对推进两业融合深化程度具有重大意义。

《实施意见》发布后，各省政府积极响应国家号召，陆续筛选出了一批符合当地制造业发展需要且具有优势产业基础的龙头企业、产业集群以及集聚区域三种类型的主体作为省级两业融合试点单位。江苏省发改委根据《关于组织开展江苏省先进制造业和现代服务业深度融合试点工作的通知》，在各地申报推荐的基础上，经过研究，于2020年1月17日确定了123家龙头企业、21家产业集群和15家集聚区域作为首批省级两业深度融合试点单位，大力发展能够推动先进制造业和现代服务业融合发展的新技术、新产业、新业态以及新模式，对推动两业融合发展的模式展开探索。各省级两业融合单位是各省政府遵循《实施意见》的具体指导，为了更好地推动"先进制造业＋现代服务业"新业态新模式形成而进行的初步尝试。省级试点单位的设立不但推动了各省两业融合发展进程，也为设立国家两业融合发展试点单位提供了资源储备和宝贵经验。2020 年 8 月，国家发改委在各省申报的试点单位中，按照国家标准筛选出了首批国家级两业融合发展试点单位，这标志着我国的两业融合发展事业正式进入初步实践阶段。

（二）初步实践阶段（2020 年 8 月至今）

2020 年 8 月以来，国家先后在各省区市设立了两批国家两业融合试点单位，试点单位中又分为试点区域和试点企业，我国的两业融合发展事业正式进入初步实践阶段。两业融合发展试点区域和试点企业具体情况如表 4.1、表 4.2 所示：

表 4.1　我国先进制造业和现代服务业融合发展试点区域
各省份分布情况

省份	首批试点区域	第二批试点区域
浙江	杭州市高新技术开发区、宁波市北仑区、前洋经济技术开发区、宁波市余姚市	宁波市慈溪市、嘉兴市海宁市
山东	青岛市城阳区	青岛胶州技术开发区、烟台市经济技术开发区
上海	松江区	金山区

续表

省份	首批试点区域	第二批试点区域
福建	福州市经济技术开发区	宁德市东侨经济技术开发区
湖南	株洲高新技术开发区	长沙市长沙县
河南	郑州经济技术开发区	长葛经济技术开发区
江苏	张家港经济开发区	常州市天宁经济技术开发区
湖北	武汉市经济技术开发区	十堰经济技术开发区
安徽	合肥市经济技术开发区	芜湖市高新技术开发区
江西	景德镇市昌南新区	
广东	佛山市南海区	
四川	成都市经济技术开发区、成都市高新产业技术开发区	
天津		西青区
陕西		西安市高新技术开发区
北京		中关村国家自主创新示范区大兴生物医药产业基地
辽宁		沈阳市铁西区
黑龙江		哈尔滨经济技术开发区
贵州		贵阳市经济技术开发区
广西		柳州高新技术开发区
甘肃		兰州新区秦川园区
新疆		库车经济技术开发区

表 4.2　我国先进制造业和现代服务业融合发展试点企业各省份分布情况

省份	首批试点企业	第二批试点企业
浙江	宁波市普洛药业股份有限公司、宁波市得力集团有限公司、浙江精工钢结构集团有限公司、杭州网易严选有限公司	浙江普洛药业家园股份有限公司、宁波东方电缆股份有限公司、宁波太平鸟时尚服饰股份有限公司

省份	首批试点企业	第二批试点企业
山东	青岛市海尔集团有限公司、青岛市青特集团有限公司、济南市成山集团有限公司、济南市浪潮集团有限公司	山东百龙创园生物科技股份有限公司、玲珑集团有限公司、天润工业技术股份有限公司、中车青岛四方机车车辆股份有限公司、青岛啤酒股份有限公司
安徽	安徽合力股份有限公司、安徽丰原集团有限公司、安徽华米科技有限公司	阳光电源股份有限公司、奇瑞控股集团有限公司
河南	好想你健康食品股份有限公司	宇通重工股份有限公司
江苏	苏宁易购股份集团有限公司、徐州工程机械集团股份有限公司	波司登羽绒服装有限公司、江苏康缘药业股份有限公司、江苏中天科技股份有限公司
北京	北汽福田汽车股份有限公司、中国有研科技集团有限公司	北京全路通信信号研究设计院集团有限公司、北京机械工业自动化研究所、北京小米移动软件有限公司
河北	河北省君乐宝乳业集团有限公司	石家庄四药有限公司、河北先河环保科技股份有限公司
广东	佛山维尚家具制造有限公司	欣旺达电子股份有限公司
新疆	金风科技股份有限公司、新特能源股份有限公司	新疆众和股份有限公司
广西	柳工机械股份有限公司	广西梧州中恒集团股份有限公司
四川	攀钢集团有限公司	重庆齿轮箱有限责任公司、四川爱创科技有限公司
上海	上海微创医疗器械（集团）有限公司、上海联影医疗科技有限公司	
湖南	株洲市中车株洲所、三一集团有限公司、中联重科股份有限公司	
吉林	中车长春轨道客车股份有限公司	
内蒙古		北方重型汽车股份有限公司、伊利实业股份集团有限公司

续表

省份	首批试点企业	第二批试点企业
福建		厦门唯科模塑科技股份有限公司、大博医疗科技股份有限公司
陕西		陕西鼓风机集团有限公司、西安诺瓦星云科技股份有限公司
贵州		贵州航天电器股份有限公司
黑龙江		哈尔滨博实自动化股份有限公司
青海		青海中钛青锻装备制造有限公司
湖北		黄石东贝电器股份有限公司、特变电工衡阳变压器有限公司
山西		山西阳煤化工机械集团有限公司、经纬智能纺织机械有限公司

数据来源：国家发改委网站。

1. 发展实践概述

（1）围绕优势产业构建两业融合新模式

以当地制造业需求为导向，以自身优势产业或高质量工业为基础，积极探索适合当地发展的新业态新模式和两业融合新路径。成都市经济技术开发区以自身优质的汽车制造业和汽车零部件为基础，加大技术研发，补全高端研发链；引导区域中的企业建设智能工厂，推进生产智造链建设；健全物流服务体系，打造以汽车制造业为主体的全链条服务体系。① 江苏沙钢集团有限公司以自身原材料产业优势为核心，全力打造科研平台、信息化平台、钢铁电商平台、工业云平台以及基于物质流

---

① 国家发改委产业司. 成都市经开区深入推动汽车制造与现代服务业融合发展［Z/OL］. 2020 – 12 – 18. ［2023 – 08 – 22］. https：//www.ndrc.gov.cn/xwdt/ztzl/rhsdjyzf/1sdqy/202012/t20201218_1254982.html.

能量流协同的能源优化调度平台，突破原有销售模式，实现自身特质化，由钢铁供应商向高品质材料服务商转变。[①]

（2）注重产业智能化、信息化

注重深化制造业、服务业和互联网技术的融合，依托物联网、大数据以及人工智能技术，建立智能工厂和"互联网＋"服务业平台，推进生产性服务业和制造业的深度融合。宁波市北仑区将智能工厂作为未来发展方向，推进制造业、服务业和互联网技术互动融合，大力推进"互联网＋"平台建设，实现智能化、信息化制造。加快现代物流和先进制造业高效融合，计划通过互联网技术培育打造一批健全的国际供应链平台企业，发展数字物流产业，加快智慧物流建设，积极构建制造业、服务业和现代物流、互联网的深度融合模式。[②]

（3）以创新产业模式为发力点

以创新模式为发力点，发展新的服务模式，完善制造业相关产业链，拓展制造业价值空间。安徽省合力股份有限公司建设配件中心，积极搭建集工程示范、产品验证、产业孵育、人才培养为一体的综合性平台。完善综合性营销服务网络体系，提供品牌推广、远程维修、技术咨询、回购置换等多功能服务，打通市场服务全产业链条。积极拓展业务范围，发展融资租赁、叉车绩效管理、智能调度物流服务、工业车辆全生命周期管理等新业务模式，为客户提供多元化、个性

---

① 陈雯．张家港市何以成为全国"两业融合"唯一全县域开展试点的城市？［N］．中国战略新兴产业，2021 - 05 - 28．
② 国家发改委产业司．宁波市北仑区以产业高端化为核心 深度开展两业融合试点［Z/OL］．2021 - 01 - 08［2023 - 08 - 22］．https：//www.ndrc.gov.cn/xwdt/ztzl/rhsd-jyzf/1sdqy/202101/t20210108_1264644.html．

化服务。[1]

（4）加大数字化转型力度

注重数字化转型，大力发展数字服务，围绕数字经济建设，发展数字信息、软件服务、大数据、云计算、网络安全等，深化对人工智能、区块链技术的应用。上海市金山区在这方面尤为重视，致力于强化工业互联网赋能，搭建互联网工业服务平台，推进5G工业互联网建设。深化工业互联网创新应用，搭建工业互联网公共服务平台，推动中小企业上云用数赋智。支持引进和培育一批专业性强、行业特色明显的工业互联网综合解决方案供应商。积极推进具有自身优势的医疗制造业数字化、智能化，生产医疗机器人等高端医疗设备，形成新的产业增长点。[2]

（5）注重专业技术人才培养

基于现阶段应用型、技能型人才稀缺的情况，加紧对复合型人才的培育。天津市西青区为培育能工巧匠，提出增加技工学校、职业培训学校的数量；加强校企合作，深化产教融合，加强人才链和产业链的融合，为两业融合事业持续发展夯实基础。[3]

---

[1] 国家发改委产业司.安徽合力公司以两业融合促智能化发展［Z/OL］.2021－02－23［2023－08－22］.https：∥www.ndrc.gov.cn/xwdt/ztzl/rhsdjyzf/sdqy/202102/t20210223_1267732.html.

[2] 上海市发改委.上海市金山区加快两业双向融合 创造产业发展新契机［Z/OL］.2021－12－31［2023－08－22］.https：∥www.ndrc.gov.cn/xwdt/ztzl/rhsdjyzf/lsdqy/202112/t20211231_1311202.html.

[3] 卜文娟.两业融合经验交流｜两业融合中的"西青方案"：做大做强五条重要产业链［Z/OL］."澎湃"百家号，2022－06－13［2023－08－22］.https：∥m.the-paper.cn/baijiahao_18550027.

（6）注重发挥市场主体的带动作用

注重市场主体培育，培养一批产业龙头企业和骨干企业，发挥其带动作用。以资源和技术带动产业链上下游企业共同协作，促进产业链整体转型升级。贵阳经济技术开发区大力建设高能级创新园区，发挥引领带动作用，以各类专业创新园区为载体，促进产业集聚、集群发展。投入建设一批工程技术中心、技能大师工作室、创新型孵化器等创新型平台，为产业链上中小微企业赋能赋智，提高创新能力，提升产业核心竞争力。[①]

（7）完善政策保障措施

各省区市政府积极提供政策措施保障。自然资源部推进工业用地先租后让、租让结合和弹性年期供应，提出土地使用期与企业活跃期相匹配，打造集研发制造基地、产业链上下游企业、配套服务设施于一体的"工业综合体"；陕西西安高新区大力推进"亩均论英雄"综合改革，实施"标准地"土地供应。[②]

2. 两业融合试点标准现状对比分析

根据 2021 年各省份政府工作报告和全国 27 个省份的 GDP 排名，将全国分为经济发展较好、中等、缓慢三类。在研究各省份两业融合试点入库标准的同时，也汇总分析三个类别中各省份标准之间的关系和区别，以期对标找到适合吉林省区域和企业的入库标准（见附录）。

---

① 卜文娟. 贵阳经济技术开发区：推动传统产业全链条数字化转型 [N]. 中国战略新兴产业，2022 – 06 – 30.

② 国家发改委. 赋能制造转型升级 两业融合激发内生动力——专访国家发展改革委产业司负责人 [Z/OL]. 2022 – 09 – 13 [2023 – 08 – 22]. https://www.ndrc.gov.cn/xwdt/ztzl/rhsdjyzf/gzdt6/202209/t20220915_1335559.html.

以国家两业融合试点入库标准作为基准，可以发现经济发展越好的省份，区域和企业两业融合试点入库标准越趋同于国家标准，如江苏省两业融合试点的入库标准基本与国家标准一致。一些经济发展势头较好的省份极具创新精神，更加细化标准，如湖北省对制造型及服务型的区域和企业提出了不同的入库标准；河北省根据服务收入占营业收入的比重将企业细化成三类：制造业企业、服务业企业、供应链管理企业；广东省在省级层面制定的两业融合试点入库标准偏定性，但是在以中山市为代表的地方层面对两业融合试点入库标准的界定相对明确。经济发展中等或者缓慢的省份会相应地放宽入库标准，如安徽省、江西省等，对于区域和企业的年营业收入要求都有一定程度的放宽。有的省份制定的标准较为模糊和宽泛，如山东、海南和云南等省份将信息技术服务与制造业融合发展作为试点示范申报标准，有的省份将服务型制造业示范企业作为试点企业标准，比如陕西省和辽宁省，而陕西省相较于辽宁省对作为试点示范平台的服务型平台做了进一步严格界定。

分析对比典型省份区域和企业两业融合试点入库标准，对吉林省制定试点入库标准有着重要意义。吉林省在制定区域和企业两业融合试点入库标准时，应该在对标国家标准的同时，借鉴经济发展较好的省份的做法，更加细化标准，筛选出具有示范带头作用的区域和企业作为试点单位，为吉林省经济发展增添新动能。同时，也应该在标准方面放宽要求，贴近吉林省实际，制定符合当下吉林省经济发展整体水平的区域和企业两业融合试点入库标准。

自 2015 年党的十八届五中全会提出加快制造业强国的战

略以来，我国制造业转型升级的步伐日渐加快。2020 年 8 月开始，国家发改委先后筛选了两批国家两业融合试点单位，对两业融合发展展开实践探索，为我国两业融合模式持续发展夯实了基础，集聚了宝贵经验。各省积极开展适合本省经济发展情况的探索实践，两业融合模式发展迅速。但由于我国两业融合发展还处于起步阶段，发展过程中仍存在各种问题，如两业融合主体认识不统一；融合主体不多，示范作用有待强化；各地对两业融合实践探索差异较大，试点标准各异，服务投入不够，融合质量有待提升；两业融合区域发展不均衡；政策衔接不到位；部分地区配套政策衔接不足，制造与服务分离分割等①。

三　吉林省两业融合发展现状概述

为落实国家关于促进先进制造业和现代服务业深度融合发展的部署，推动经济高质量发展，吉林省大力推动制造业和服务业相互渗透，促进两业产业链条相互延伸。吉林省不断强化政策引导，为两业融合提供良好的发展环境，先后印发多个促进两业融合发展的文件，包括《吉林省推进制造业与服务业融合发展行动实施方案》《吉林省工业转型升级行动计划（2017—2020 年）》《吉林省推进制造业高质量发展实施方案》《吉林省人民政府关于深化工业互联网发展的实施意见》《吉林省工业发展"十四五"规划》等，为先进制造业和现代服

---

① 国家发改委 . 赋能制造转型升级 两业融合激发内生动力——专访国家发展改革委产业司负责人［Z/OL］. 2022 - 09 - 13 ［2023 - 08 - 22］. https：//www.ndrc.gov. cn/xwdt/ztzl/rhsdjyzf/gzdt6/202209/t20220915_1335559. html.

务业的融合发展打下坚实基础。

国家发改委发布《实施意见》后，又发布了《关于推动先进制造业和现代服务业深度融合发展的实施意见重点任务落实措施》，明确了具体的发展路径；吉林省也相继出台了针对两业融合发展的一系列相关措施文件，开展了诸多专项行动，其中，2021 年出台的《"百企示范、千企改造、万企融合"促进制造业数字化转型实施方案（2021—2023）》结合吉林省实际发展情况提出了 40 余条促进制造业转型升级的具体落实举措。此后，吉林省还召开了全省服务业转型升级高质量发展大会，出台了推动服务业发展的"1＋N"行动和 22 项重大工程，将先进制造业与现代服务业融合发展列为 22 项重大工程之首。

此外，吉林省加强针对两业融合的宣传培训，组织专家在全省范围内开展了"制造业与服务业融合发展"巡讲活动，整理印发了《制造业服务化典型案例汇编》《吉林省制造业服务化试点工作实施细则》，推动吉林省制造业与服务业融合公共服务平台上线运营。

在产业政策的引导下，吉林省两业融合初见成效。近年来，吉林省越来越多的制造业企业积极拓展服务业务，逐渐由制造业企业向"制造＋服务"集成企业转型。其中，中车长春轨道客车股份有限公司（以下简称"中车长客"）和中国第一汽车集团有限公司（以下简称"中国一汽"）是吉林省两业融合的标杆。2020 年，中车长客被列为国家先进制造业和现代服务业融合发展试点企业，是东北地区唯一入选的企业。中国一汽充分发挥龙头引领作用，带动产业链上的创新型企业在技术、产品、服务等领域持续创新突破。以中车长客、中国一汽为代表的企业，大力加强以自主研发为主的技术创新，不断促进传统优势产业向高端化、智能化、绿色化、数字化、服务化和品牌化转型升级，推动传统制造业向产业链高端延伸，提高企业的竞争力。此外，新型产业加快服务化转型。近年来，吉林省卫星制造、生物制药、电子信息、节能环保、医药健康等新兴产业不断发展，2017 年以来，长光卫星、合心机械等 10家企业被确认为国家级服务型制造示范企业（项目、平台）。先进制造业和现代服务业的深度融合发展增强了吉林省制造业的核心竞争力，不断推进产业结构升级，推动吉林省经济高质量发展。

（一）从区域看两业融合发展现状

近年来，吉林省持续推进两业融合发展，各市州相关部门根据《吉林省推进制造业与服务业融合发展行动实施方案》（吉政办发〔2016〕41 号）积极落实，但也面临省内各市州发展较不均衡的问题。

针对吉林省两业融合发展情况，我们对吉林省两业融合发展平台已入库的两批次 30 家两业融合发展较好、具有典型示范作用的企业进行分析，这 30 家企业在发展过程中率先发展高端科技服务、个性化定制服务、智能制造与运营管理、现代供应链、工业互联网、整体解决方案服务、产品全生命周期管理等新业态新模式，具有典型代表意义。从这 30 家企业在省内各市州的分布看，长春市有 8 家，占比 26.67%；吉林市有 5 家，占比 16.67%；四平市有 4 家，占比 13.33%；辽源市、通化市以及延边朝鲜族自治州各有 3 家，各占比 10%；松原市有 2 家，占比 6.67%；白城市和白山市各有 1 家，如图 4.1 所示。

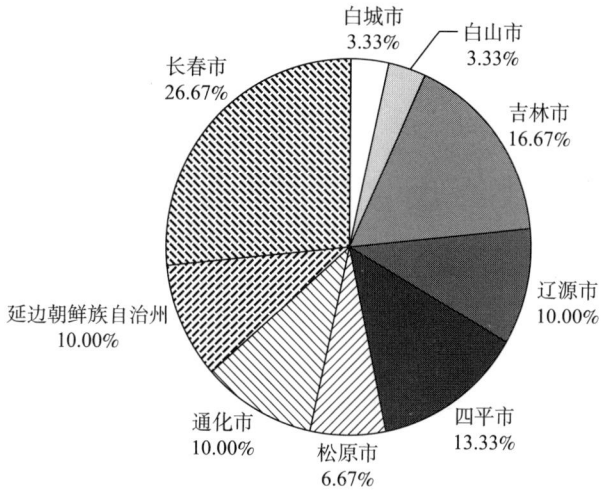

图 4.1 吉林省各市州先进制造业和现代服务业两业融合代表性企业分布图

1. 长春市

长春市两业融合整体情况目前呈现较快发展态势，规模总量不断扩大，产业政策、创新举措有力引导企业发展。随着重大项目、重大平台的相继落位，两业融合发展逐渐成为长春市经济增长的重要动力。

长春市持续深化两业融合。一是推进汽车产业向服务型制造转型发展，以汽车"新四化"为重点，开展制造业服务化的示范引领，推动汽车制造业企业与软件、互联网等企业跨界融合，提升数字应用能力和业态融合实效。二是以轨道交通和汽车零部件优势产业为基础，以发展生产性服务业为主攻方向，不断强化两业融合深入发展，并推动中车长客成功获批国家两业融合试点企业。三是推进卫星制造在生产端和服务端"双

43

轮"发力，加速向"产品 + 运维服务"转变的进程，长光卫星已建成我国目前最大的商业遥感卫星星座，具备了较强的服务能力。

长春市加快融合平台建设。结合省市新基建"761"工程建设，深入跟踪服务工业互联网和人工智能项目，促进先进制造业与现代服务业融合。支持人工智能在汽车、装备制造、医药健康等领域的应用，促进产业升级创新，重点跟踪基于智能网联汽车的人工智能应用技术开发等 83 个人工智能项目。

长春新区作为国家级新区，通过优化环境、精准施策、强化服务，推进中小企业高质量发展。2021 年，长春新区累计组织申报国家、省、市专精特新企业 208 户，新获批 87 户，总数达到 179 户；其中，国家级专精特新"小巨人"企业 16 户，占全市的 57%，占全省的 45.7%。长春新区围绕行业骨干企业、专精特新企业、平台型企业等各类融合主体，带动产业链上的企业共同提升，形成融合发展生态圈。

中韩（长春）国际合作示范区北药交易中心有限公司由亚泰集团投资，以大健康 1688 平台交易、B2C 网店矩阵营销、跨境电商贸易、网红直播基地、新零售连锁加盟为核心业务，发挥示范区政策优势和亚泰集团资源优势，重构长白山地区道地药材及名优特产产业链，整合中韩大健康领域创新研发、智能制造、市场营销资源，建立国家医美产品集散地，打造研产销一体化的中韩国际合作创新平台。

2. 吉林市

吉林市不断推进产业基础高级化、产业链现代化、产品终端化，全力打造旅游文化、精细化工、先进材料、装备制造、农畜产品精深加工、生物六大产业集群，提高产业间融合发展水平，抓好各产业集群内部三次产业融合，构建集生产、销售、流通于一体的产业联盟，实现各产业集群组团发展。

吉林市不断开展土地支持政策。一是探索功能适度混合的产业用地模式，全面落实省政策。2021 年吉林市挂牌出让的经营性用地中，同一宗土地兼容两种以上用途的，共出让 6 宗，出让面积 12.01 公顷。二是支持物流基础设施建设，对企业利用原有土地建设物流基础设施的，在容积率调整、规划许可等方面给予支持，切实做好先进制造业和现代服务业用地政策落实工作。

吉林市进一步提升金融服务实体经济的能力。一是建立了提升融资服务质效推进机制和产业链企业（项目）融资需求月调度机制，协调银行解决项目贷款。二是建立了知识产权质押信息平台，扩大知识产权质押融资规模，鼓励银行机构积极开展知识产权融资业务。三是支持符合条件的企业上市融资和发行企业债券、公司债券、非金融企业债务等融资工具。这一系列举措为吉林市两业融合发展提供了资金保障。

吉林市积极推进绿色低碳制造业和绿色低碳服务业融合发展。吉林市能源综合服务技术研发和集成应用项目通过对能源综合服务技术的研发和集成应用，构建能源互联网公共服务平台和科研创新体系来推动城市能源互联网的建设，通过数据服务和科技创新驱动能源替代、节能提效、能源工艺改造、资源回收利用、综合能源等城市绿色低碳产业链落地，实现数字化服务业与绿色低碳制造业融合发展。

3. 四平市

四平市依托区域和产业基础优势，积极应对经济下行压力，采取有力措施，全力稳增长、调结构，助推经济高质量发展，推动先进制造业和现代服务业深度融合发展。

四平市不断推进智能制造试点工作。以数字化、网络化、智能化为攻坚方向，在装备制造、农产品加工、医药、化工等重点产业发力，积极引导企业开展智能装备、数字化工厂、智能化车间等项目建设，以"智"带动产业转型升级提速。近年来，相继培育了吉春制药、艾斯克机电、君乐宝乳业等一批典型企业，以点带面，在相关重点行业领域形成示范效应，带动产业升级。

四平市持续推进制造业服务化试点。积极推进互联网与食品、装备制造、农产品加工、医药化工等主导产业深度融合，重点培育和扶持智能物流管理平台、智能化流体测试、家禽屠宰装备远程服务等一批能够支撑企业数字化、网络化、智能化转型的企业级互联网平台，为整个产业的创新转型升级奠定了坚实基础。

四平市两业深度融合稳步推进。一是促进产业向传统制造业与现代服务业融合方向转型，树立了一批医药和装备行业的信息化示范企业，企业生产数控化装备率逐步提高，电子商务销售大量应用，一批规上企业整体或部分实施了企业资源计划系统（ERP），带动了企业的节能降耗增效。二是重点培育扶持了智能化流体测试、家禽屠宰装备远程服务等一批能够支撑企业数字化、网络化、智能化转型的企业互联网平台，为整个产业的创新转型升级奠定了坚实基础。三是开展智能制造试点示范，方向机械的两条全自动装配线完全实现智能操控，吉春制药正在建设的现代中药数字化提取精制工厂项目，通过技术改造实现了全自动现代中药数字化提取精制，打造了贯穿现代中药提取精制的数字化制造新模式。

4. 辽源市

辽源市始终坚持推动制造业企业向高附加值的服务环节延伸，服务业企业向制造业领域拓展，着力创新发展模式，深挖平台发展潜力，重点培育壮大市场主体，加快发展两业融合示范工程。

辽源市针对制造业服务化趋势和服务业制造化倾向，完善先进制造业与现代服务业深度融合的发展机制，全力推进现代物流、电子商务、会展服务、科技服务、金融服务发展，促进生产性服务业向专业化和价值链高端延伸，引导和支持制造业企业延伸服务链条，推进制造业服务化，实现物流回归、销售回归、结算回归和价值回归。辽源市围绕袜业、梅花鹿、琵琶、铝业、蛋品等，打造形成了有一定影响的辽源生产性服务业品牌。以研发设计、技术孵化、检验检测、金融保险、商务咨询等为重点，谋划实施了一批制造业生产环节前后端的项目。

东北袜业纺织工业园先后被省发改委认定为吉林省特色工业园、省级创新创业示范基地，成立吉林省袜业产业技术创新中心，在电商、研发等方面取得了显著成效。在电商方面，东北袜业纺织工业园打造了"大销售、云平台"，搭建线上八大服务平台，以袜业产业集聚区的代表性优势对接各大电商平台，获得开店、流量、推广、培训等多方位的平台服务。在2021年国家电子商务示范基地评价工作中，被国家商务部增补为国家电子商务示范基地。在研发方面，依托吉林省袜业产业技术创新中心，园区企业共有知识产权725项，其中发明专利11项、实用新型专利81项、外观专利及软件著作权专利633项。

5. 通化市

近年来，通化市两业融合步伐不断加快。高技术制造业实现增加值48.6亿元，比上年增长10.1%，占全市规模以上工业增加值的比达53.0%。医药、食品、冶金三大支柱行业完成增加值69.9亿元，占全市规模以上工业增加值的比为76.2%。全年实现交通运输、仓储和邮政业增加值30.9亿元，同比增长3.9%；金融业增加值40.0亿元，同比增长2.1%；房地产业增加值29.1亿元，同比增长2.1%；信息传输、软件和信息技术服务业增加值22.6亿元，同比增长15.7%；租赁和商务服务业增加值10.5亿元，同比增长3.9%。

通化市产业链条逐步完善。不断巩固和提升医药健康的主导产业优势地位，坚持不懈补短板、锻长板、稳链条，通过建链、延链、补链、强链，全力构建医药健康领域包括研发、检测、生产、包装、物流、销售等的链条齐全的现代化产业体系，逐步向高质、高端、高效转型升级，基本形成了纵向产业链和横向配套链齐全的医药健康产业集群。

通化市园区创建成果丰硕。通化医药高新区于2013年12月经国务院批准晋升为国家级高新区，成为全国仅有的两个以医药冠名的国家级高新区之一。通化医药高新区始终把医药健康产业作为促进经济社会发展的重要引擎，依托自然资源优势及产业布局，在全国、全省及各地竞相发展的过程中，不断站稳脚跟，东宝、步长、紫鑫、四环等多家上市企业相继投资兴业，形成了以修正药业、通药制药、东宝生物、天实药业、康元生物等在行业内具有重要影响的企业组成的医药健康产业集群。在坚持"一体为主"的同时，重点围绕人参制药、高端装备制造、新材料等战略性新兴产业抓招商、落项目，逐渐形成多点支撑、多业并举、多元发展、多维发力的产业新格局。

6. 白山市

白山市按照吉林省推动实施服务业"二十大工程"的工作部署和要求，着力实施服务业发展"十项重点任务"，推动服务业高质量发展。大力发展生产性服务业，增强现代服务业对先进制造业的引领和支撑作用，促进两业融合向纵深推进。

白山市积极推进制造业培育科技创新平台。依托省内外高校、科研院所建立国家中药质量检测（北方）中心白山分中心、吉林大学白山技术转移中心、白山市长白山人参研究院、白山市长白山硅藻土研究院等各类创新平台，为白山科技创新提供支撑，为白山市先进制造业和现代服务业融合发展提供动力。

白山市吸引企业入驻，加快产业升级。开发区相继引进中国建材集团、中国银泰集团、雨润集团、修正集团、喜丰集团、施慧达药业等国内知名企业入驻，实现了从煤、林、铁"老三样"向矿产新材料、矿泉水、医药健康、旅游、现代服务业"新五样"的转变，逐渐促进先进制造业与现代服务业融合。

7. 松原市

松原市是我国新兴的石油工业城市，2021 年吉林石油装备技术工程服务有限公司与浙江大学舟山海洋研究中心成功签署"共建石油装备液压元器件及系统研发中心"合作协议，为其石油修井机能量回收、矿山机械自动驾驶等方面的技术需求搭建线上科技创新服务平台，有利于企业的智能化发展。

松原市坚持创新驱动。深化与吉林大学等高校和中科院"一院三所"的交流合作，实施创新合作项目10个。启动松原科技创新园区建设。支持鼎卫智能、牧神机械等专精特新企业发展壮大，专精特新企业数量新增70%以上。推动嘉吉集团研发中心等项目投入使用，建设松原摆渡创新工场。

松原市不断加快开放步伐。全方位融入长春现代化都市圈，坚持"产业同链、廊带同建、交通同网、环境同治、服务同享"原则，在项目培育、开发区建设、人才交流、公共服务等方面，深入推进与长春市对接合作，共建2平方公里汽车零部件产业园，重点建设中车长客、正泰等一批重大项目，为松原市先进制造业和现代服务业融合发展提供了支持。

8. 白城市

白城市加快释放风光、农业、生态旅游三大资源优势，实现资源优势向产业优势、发展优势的转变，有力地促进了两业融合发展。

白城市加快推进新一代信息技术与制造业深度融合。白城市依托白城市乳制品龙头企业飞鹤（吉林）乳品有限公司，加快智能化工厂示范项目建设，完善乳品安全全产业链溯源数字管理系统，创新服务模式。目前飞鹤（吉林）乳品有限公司智能化工厂正在建设中，建成后将会提升设备的智能运维水平，提升管理水平，建立可视化信息系统，形成有效的知识管理。

白城市加快推进能源产业与新能源生产使用、消费服务业深度融合。白城市目前形成了以风电、火电、光伏、生物质能、热力以及石油开采等为主的能源产业体系。京科热力、中兴热力等承担全市冬季供热业务，以及制氢加氢一体化项目，目前已为市内新能源公交车提供燃料服务，此项目将成为白城两业融合发展的又一新路径。

近年来，白城市先进制造业与现代服务业融合取得了较大成效。一是镇赉飞鹤乳业智能化工厂示范项目建设列入《吉林省制造业数字化"十四五"规划》，促进了白城市新一代信息技术与制造业深度融合发展。二是工业园区建立科技孵化平台、创业创新平台、物流仓储平台、金融服务平台、跨地区合作平台，进一步促进了两业融合发展。但从整体上来看，白城市仍有许多制造业企业还处于初级阶段，进入自动化生产的企业占比较少，采用智能化生产的企业更少，要实现先进制造业和现代服务业的深度融合还需要继续努力。

9. 延边朝鲜族自治州

延边朝鲜族自治州主动策应数字吉林战略部署，围绕医药、食品等产业，实施全域旅游发展战略，深入推进产业转型发展。华康药业"慢病管理服务平台"入选国家制造业服务化示范，推进制造业与服务业融合发展。

延边朝鲜族自治州全力推进工业企业上云，利用云服务破解企业发展难题。为了推进产业链上下游企业上云，开展了延边工业综合服务平台推广应用，进一步促进资源聚集和开放共享，实现制造业、信息技术服务业、金融服务业及其他相关服务业互联互通。为了推动工业企业进行自动化、智能化数字改造升级，延边朝鲜族自治州建立全州智能化改造项目库，定期监测项目进展情况，适时帮助符合条件的企业申请专项资金支持，引导企业进行智能化改造升级。

延边朝鲜族自治州全力推进车间级、企业级工业互联网建设应用。为推动工业互联网平台建设，面向全州相关行业开展跨行业跨领域工业互联网平台摸底工作，围绕新一代信息技术与制造业融合创新，谋划推进工业互联网和制造业服务化重点项目8项，总投资1.4亿元。

（二）从行业看两业融合发展现状

吉林省致力于从多行业、多路径入手促进先进制造业与现代服务业的融合发展，传统制造业加速转型升级，为制造业服务化提供工业基础。为了分析吉林省制造业各行业对制造业服务化进程的推动潜力，本书对30家代表企业所在行业进行如下分析。

如图4.2所示，在吉林省两业融合代表性企业中，分类为

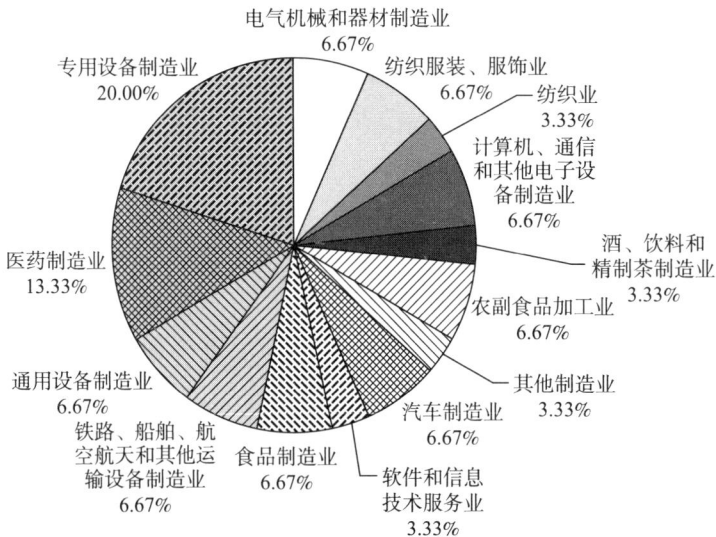

图4.2　吉林省先进制造业和现代服务业两业融合代表性企业的行业分布情况

专用设备制造业的企业有 6 家，占比 20%；分类为医药制造业的企业有 4 家，占比 13.3%；分类为汽车制造业，铁路、船舶、航空航天和其他运输设备制造业，通用设备制造业，电气机械和器材制造业，计算机、通信和其他电子设备制造业，食品制造业，农副食品加工业，纺织服装、服饰业的企业分别有 2 家，分别占比 6.67%。

从综合行业发展规模来看，专用设备制造业，医药制造业，汽车制造业，铁路、船舶、航空航天和其他运输设备制造业等两业融合发展较好，对于推动吉林省先进制造业与现代服务业深度融合起到了较为重要的示范作用。

吉林省作为老工业基地，制造业既有传统优势，也面临产业转型升级带来的机遇和挑战。吉林省持续推进创新创造，加快实现提质增效，为吉林省的振兴发展提供强大动力。

2021 年，中国一汽红旗品牌全年销量突破 30 万辆，同比增长超 50%，为行业平均增速的 10 倍。在汽车"新四化"趋势下，吉林省汽车制造企业自主研发了发动机、变速箱技术、高功率氢燃料电池发动机、无人驾驶小巴士、纯电动 SUV 等一系列新技术新产品，不断攀登产业"智"高点，为后续发展积蓄了强大潜能。汽车制造业的崛起，带动全产业链发展。跨国零部件企业、自主零部件企业不断发展，形成了汽车零部件专业产业园区。上下游企业集聚促使发展动能叠加并不断增强。汽车制造企业与软件、互联网等企业不断实现跨界融合，中国一汽与中科院光机所、华为等科研机构和企业积极开展合作，加快智能网联汽车研发，引领国内外智能网联汽车发展。

吉林省不仅加速发展现代汽车产业，还形成了集研发设计、集成制造、综合检修、生产服务于一体的先进轨道交通装备产业集群。近年来，中车长客相继完成时速 350 公里"复兴号"中国标准动车组、新一代智能地铁列车、广东清远磁浮列车等百余个新产品的研发工作，引领全球轨道交通装备发展方向。在具有完全自主知识产权的中国标准动车组"复兴号"相关的 254 项重要标准中，"中国标准"占比高达 84%。"长客造"打入国际市场，得到国际市场的青睐。① 中车长客围绕轨道车辆及部件全生命周期管理的核心内容，探索两业融合发展新路径，通过加强全生命周期管理、数字化生产线建设、大数据分析、业务协同管理平台建设等，不断强化两业融合深入发展。目前，中车长客建成一体化技术创新平台，自主研发了全球首辆全碳纤维复合材料地铁车体；中研高分子聚醚醚酮主要性能达到国际先进水平，国内市场份额占 50% 以上；轨道车辆智能检修运维平台全部进入程序开发阶段，全生命周期贯通项目数据运营已完成需求开发。

此外，新兴产业迅猛发展为两业融合开创新路径。长光卫星在生产端和服务端"双轮"发力，依托星载一体化等关键核心技术，建立从卫星研发与生产到提供遥感信息服务的完整产业链，实现研发数据从制造向服务的贯通。目前，长光卫星开展的"吉林一号"卫星星座核心工程，已发射 70 颗卫星进入

---

① 华泰来. 吉林省装备制造业发展：铸造高质量发展强引擎 [Z/OL]. 2022 – 01 – 12 [2023 – 08 – 22]. https：∥www. toutiao. com/article/7052097940118209055/？app = news_article&timestamp = 1665651182&use_new_style = 1&req_id = 2022101316530201013203804221654699&group_id = 7052097940118209055&wxshare_count = 1&tt_from = weixin&utm_source = weixin&utm_medium = toutiao_android&utm_campaign = client_share&share_token = 35403690 – 16e2 – 48d9 – 8c71 – ba5d0aaea1cc&source = m_redirect&wid = 1665651747155.

太空，已建成我国目前最大的商业遥感卫星星座，加快了企业数据服务步伐，具备了较强的服务能力。"吉林一号"卫星星座全部建设完成后，可实现对全球任意地点每天 23～25 次重访，具备全球一年覆盖 2 次、全国一年覆盖 6 次的能力，可为农林生产、环境监测、智慧城市、地理测绘、土地规划等领域提供高质量的遥感信息服务。

（三）从模式看两业融合发展现状

将国家发改委发布的《关于推动先进制造业和现代服务业深度融合发展的实施意见》中提到的培育融合发展的新业态新模式与吉林省发展两业融合的企业所选择的融合模式进行对比，分析如下。

吉林省是老工业基地，制造业基础雄厚，但多为传统制造业。吉林省先进制造业与现代服务业融合发展主要是以激发制造业企业创新活力、加快转型升级进而实现制造业服务化为主要方向，融合模式主要有推进建设智能工厂和加快工业互联网创新应用。这主要得益于吉林省积极推进大数据、云计算、人工智能等新一代信息技术与制造业的融合发展。此外，推广柔性化定制、发展共享生产平台、提升总集成总承包水平、加强全生命周期管理、优化供应链管理、发展服务衍生制造、发展工业文化旅游等融合模式也被更多企业应用，这体现出吉林省逐步实现产业转型升级，两业融合发展迈向新的阶段。

第一，通过推进建设智能工厂模式推动两业融合，大力发展并提供智能化解决方案服务，深化新一代信息技术、人工智能等应用，实现数据跨系统采集、传输、分析、应用，优化生产流程，提高效率和质量。中车长客以高效网络互联为支撑，推进产品制造环节智能化转型，实现制造全过程优化控制、智能调度、状态监控、质量管控；吉林敖东药业集团大力建设智能提取车间，逐步实现了全过程自动化智能生产，推动医疗产业向智能化迈进；四平巨元换热器的板式集成换热系统生产线处于单机智能化阶段；方向机械的两条全自动装配线完全实现智能操控。

第二，通过加快工业互联网创新应用模式推进两业融合，以建设网络基础设施、发展应用平台体系、提升安全保障能力为支撑，推动制造业全要素、全产业链连接，完善协同应用生态，建设数字化、网络化、智能化制造和服务体系。珲春市龙裕农业发展集团有限公司的技术团队开发了农场云服务平台，为企业的水稻基地以及水果大棚建立了基于物联网的水稻和果蔬生产云平台，实现了数字化管理、在线微课堂、远程咨询、农技推广等功能，深化制造业、服务业和互联网融合发展。启明信息入选 2020 年全国工业互联网平台企业 20 强，"启明星云"汽车工业互联网平台已经在中国一汽零部件管理系统和红旗新工厂等实施应用，完善了汽车制造和服务全产业链体系。

第三，通过推广柔性化定制的模式推进两业融合，不断提高企业科研能力，为客户提供个性化定制服务，提供针对式解决方案。长光卫星提供全类型卫星遥感数据在线订购、卫星定制拍摄、区域或专题一张图定制、基于 AI 的在线遥感影像智慧工厂、行业应用与解决方案定制等服务；四平市巨元瀚洋板式换热器有限公司以 8 大类 100 种换热产品为载体，为不同行业提供个性化、专业化的解决方案；中车长客聚焦区域协调发展，构建集团管控下的区域经营模式，一城一策、一项目一策，服务相应区域市场需求，积极拓展"产品＋""系统＋"业务，打造定制化的轨道交通全系统解决方案。

第四，通过发展共享生产平台的模式推进两业融合，鼓励资源富集企业面向社会开放产品开发、制造、物流配送等资源，提供研发设计、优化控制、设备管理、质量监控等服务，实现资源高效利用和价值共享。为了解决用户充电难的问题，中国一汽在家庭充电一体化服务、公共充电布局等领域进行了充电生态建设，共集成了29.1万根公共充电桩，覆盖了325个城市①，为汽车制造、城市建设、电网改造等提供支撑，加快充电设施建设布局。吉林省农嫂有限公司作为省级龙头企业，全力配合政府及各部门做好品牌建设工作，把吉林鲜食玉米打造成为在全国极具影响力的区域品牌，并与上千名农户签订种植合同，带领更多农民改善种植结构，一起走向创收致富之路。

第五，通过提升总集成总承包水平的模式推进两业融合，支持设计、制造、施工等领域的骨干企业整合资源、延伸链条，发展咨询设计、制造采购、施工安装、系统集成、运维管理等一揽子服务，提供整体解决方案。吉林华康药业股份有限公司根据自身发展的需要，整合企业技术力量，以企业自身为主体，以高校和科研机构为依托，建设了企业科技创新平台，为企业发展提供技术服务，已成为企业开展创新活动的主要平台，也是企业自主创新能力建设的关键环节。

---

① 一汽－大众换道加速，ID 系列，累计销量近 45655 台［Z/OL］.网易，2022－04－11［2023－08－22］.https：//www.163.com/dy/article/H4M234EU0547GKOK.html.

第六，通过加强全生命周期管理的模式推进两业融合，在推动先进制造业的同时衍生出强大的制造服务业，形成集研发、生产、销售、安装、维护、咨询等于一体的完整产业链。中车长客梳理研发、制造、售后、运维、检修、质量、成本等产品全生命周期各个环节的需求，从制造型企业向制造服务型企业转型。四平市巨元瀚洋板式换热器有限公司在研发创新、节能方案、制造工艺、综合服务等方面厚积薄发，成功实现了由制造型企业向制造服务型企业的转型升级，提升了装备制造业和服务业融合发展的水平。吉林科龙建筑节能科技股份有限公司集研发、生产、设计、咨询、融资、施工、运营管理于一体，利用 EMC、EPC、PPP 等模式，为城市提供调研诊断、整体解决方案、设计咨询、投融资、项目实施、运营管理等全产业链服务。

第七，通过优化供应链管理的模式推进两业融合，提升信息、物料、资金、产品等配置流通效率，推动设计、采购、制造、销售、消费信息交互和流程再造，形成高效协同、弹性安全、绿色可持续的智慧供应链网络。吉林省晟途企业管理咨询有限公司面向省内汽车制造企业提供相关服务，辅助汽车制造企业与下游企业计划协同，实现上下游企业的数据快速交互；吉林省东北袜业纺织工业园发展有限公司与快递公司开展多领域业务合作，持续创新服务产品和配送体系，提高产业协作配套水平，促进现代物流和制造业高效结合。

第八，通过发展服务衍生制造的模式推进两业融合，鼓励电商、研发设计、文化旅游等服务企业发挥大数据、技术、渠道、创意等要素优势，通过委托制造、品牌授权等方式向制造环节拓展。辽源邮政采用发展服务衍生制造模式，开发自主品牌"依兰朵纹"棉袜系列产品，通过品牌授权等方式向制造环节拓展。此外，该企业利用淘宝和邮乐购等线上平台进行销售，通过邮政寄递网络将产品销往全国，打开了纺织袜业企业的销路。犇福牧业以旅游产业带动第一、二、三产业深度融合发展，助推两业深度融合发展。

第九，通过发展工业文化旅游的模式推进两业融合，支持有条件的工业遗产和企业、园区、基地等，挖掘历史文化底蕴，开发集生产展示、观光体验、教育科普等于一体的旅游产品，厚植工业文化，弘扬工匠精神。东方红西洋参药业（通化）股份有限公司通过采用发展工业文化旅游的模式，初步形成了集原料种植、体验互动、旅游观光、科普教育等于一体的工业厂区，西洋参博物馆、会展中心等多个工业旅游项目充分弘扬工匠精神，挖掘工业历史文化底蕴。安图长白山天然矿泉水产业园区开放生产车间、设立用户体验中心、设立观光通道，对公众开放。

目前，吉林省通过提升总集成总承包水平、发展服务衍生制造以及发展工业文化旅游等模式推动两业融合的案例较少，这一定程度上说明了吉林省两业融合所采用的模式在多样性上略有不足，也展现了未来吉林省两业融合模式探索的突破口。

综合上述分析，目前吉林省先进制造业与现代服务业融合发展水平整体处于探索发展阶段，主要依靠制造业服务化的方式，即制造业产业升级衍生出现代服务业，而各市州的融合发展水平存在较大差距。

四 吉林省两业融合发展现状数据分析

（一）吉林省总体经济发展现状

经济发展状况是两业融合发展的重要基础，研究探索先进制造业与现代服务业融合发展，首先需要了解吉林省总体经济发展现状。

1. 总体情况

初步核算，2021 年吉林省实现地区生产总值 13235.5 亿元，按可比价格计算，同比增长 6.6%，2020 年和 2021 年两年平均增长 4.4%（见图 4.3）。其中，第一产业增加值 1553.8 亿元，同比增长 6.4%；第二产业增加值 4768.3 亿元，同比增长 5.0%；第三产业增加值 6913.4 亿元，同比增长 7.8%。2021 年，第一产业增加值占地区生产总值的比重为 11.7%，第二产业增加值占比为 36.0%，第三产业增加值占比为 52.3%

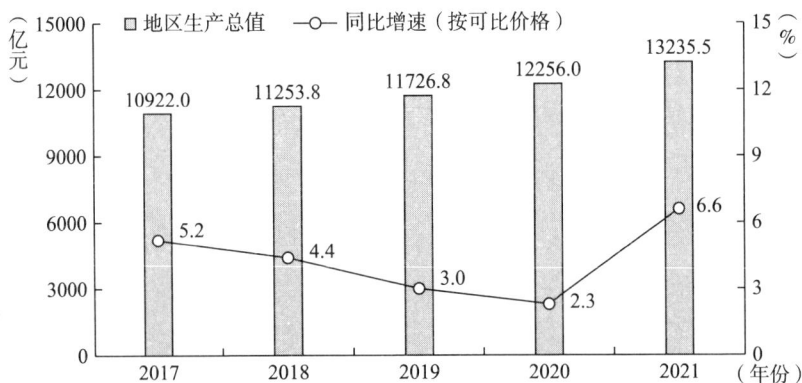

图 4.3　2017～2021 年吉林省地区生产总值及按可比价格计算的增速

（见图4.4）。

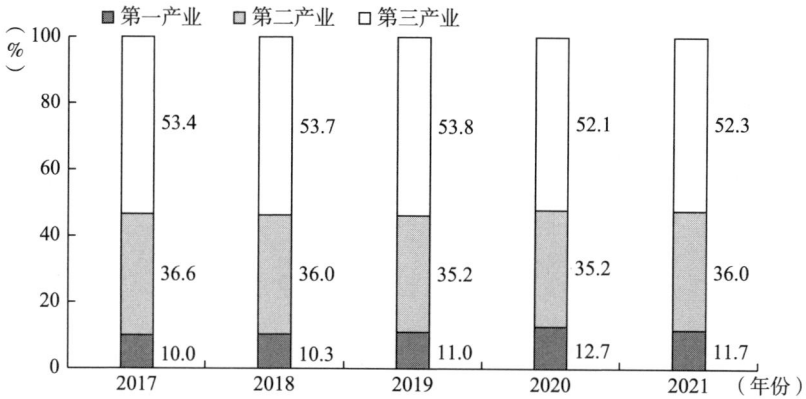

图 4.4　2017～2021 年吉林省三次产业增加值
占地区生产总值的比重

居民消费价格指数（CPI）反映与居民生活有关的消费品及服务的价格水平变动情况，是非常重要的宏观经济指标，也是宏观经济分析与决策以及国民经济核算的重要指标。2021 年吉林省居民消费价格指数情况如表4.3所示。

表 4.3　2021 年吉林省居民消费价格指数（上年＝100）

指标	全省	城市	农村
居民消费价格	100.6	100.5	101.0
食品烟酒	99.7	100.1	98.6
其中：粮食	101.2	100.7	101.9
衣着	99.9	99.7	100.7
居住	101.3	100.7	103.1
生活用品及服务	99.9	99.6	101.1
交通和通信	103.8	103.5	104.5
教育文化和娱乐	100.4	100.2	101.0
医疗保健	100.0	100.0	99.9
其他用品和服务	98.1	98.0	98.7

2. 工业和建筑业

2021年吉林省全部工业增加值为3839.49亿元，同比增长4.6%。规模以上工业增加值同比增长4.6%。在规模以上工业中，分类型看，国有及国有控股企业同比增长2.0%，集体企业同比增长9.0%，外商及港澳台商投资企业同比下降2.3%。分门类看，采矿业同比下降0.7%，制造业同比增长4.9%，电力、热力、燃气及水生产和供应业同比增长5.2%。

2021年吉林省规模以上工业中，重点产业增加值同比增长5.2%，六大高耗能行业增加值同比增长5.3%，高技术产业增加值同比增长21.6%，装备制造业增加值同比增长15.6%。

2021年吉林省规模以上工业企业利润同比增长30.6%。分门类看，采矿业亏损额大幅减少，制造业同比增长16.8%，电力、热力、燃气及水生产和供应业由盈利转为亏损。重点产业利润同比增长33.5%，高技术产业利润同比增长35.1%，装备制造业利润同比下降5.6%。2021年吉林省主要工业产品产量及增速如表4.4所示。

表4.4 2021年吉林省主要工业产品产量及增速

产品	单位	产量	比上年增长（%）
原油	万吨	414.25	2.4
饲料	万吨	590.45	6.1
纸制品	万吨	24.61	−25.6
布	万米	3068.60	24.7
服装	亿件	0.67	8.1
硫酸（折100%）	万吨	75.96	−4.2

续表

产品	单位	产量	比上年增长（%）
乙烯	万吨	77.30	-10.1
合成氨（无水氨）	万吨	63.77	22.7
农用氮、磷、钾化学肥料总计（折纯）	万吨	28.84	22.2
合成橡胶	万吨	16.98	4.1
化学药品原药	万吨	2.57	-3.9
中成药	万吨	9.43	8.7
化学纤维	万吨	44.77	11.3
水泥	万吨	2125.29	-6.3
生铁	万吨	1366.05	-3.0
粗钢	万吨	1538.92	0.9
钢材	万吨	1790.60	6.3
铁合金	万吨	1.24	177.2
十种有色金属	万吨	10.44	-17.3
黄金	万千克	0.50	-1.9
汽车	万辆	242.41	-8.8
其中：基本型乘用车（轿车）	万辆	128.58	-11.1
动车组	辆	350.00	-45.3
城市轨道车辆	辆	2471.00	-21.7
发电量	亿千瓦·时	1025.75	0.7
其中：火力	亿千瓦·时	730.69	-2.6
水力	亿千瓦·时	104.86	11.8
风力	亿千瓦·时	137.94	6.5
太阳能	亿千瓦·时	52.26	15.6

2021 年吉林省全社会建筑业增加值 959.86 亿元，同比增长 7.4%。

3. 服务业

2021 年吉林省批发和零售业增加值为 817.81 亿元，同比增长 10.0%；交通运输、仓储和邮政业增加值为 650.04 亿元，同比增长 8.9%；住宿和餐饮业增加值为 189.08 亿元，同比增长 14.7%；金融业增加值为 964.34 亿元，同比增长 3.2%；房地产业增加值为 798.20 亿元，同比增长 3.2%；信息传输、软件和信息技术服务业增加值为 563.70 亿元，同比增长 15.1%；租赁和商务服务业增加值为 122.67 亿元，同比增长 4.8%。2017～2021 年吉林省服务业增加值及同比增速如图 4.5 所示。

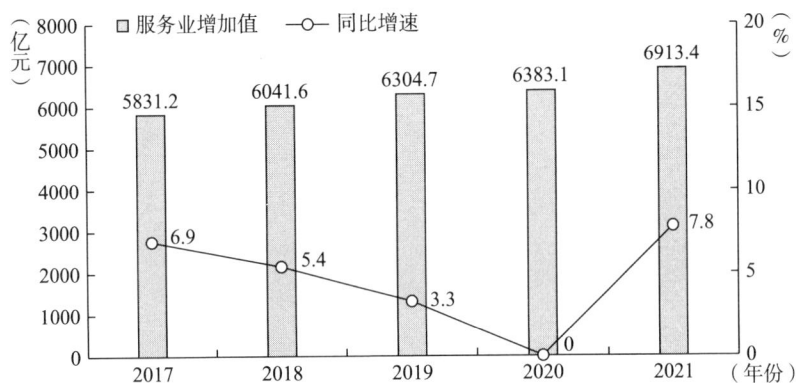

图 4.5　2017～2021 年吉林省服务业增加值及同比增速

2021 年吉林省货物运输总量为 5.90 亿吨，同比增长 16.8%；货物运输周转量为 2245.17 亿吨公里，同比增长 9.7%（见表 4.5）。2021 年共保障运输起降航班 10.19 万架次，完成旅客吞吐量 1241.84 万人次。

表 4.5　2021 年吉林省各种运输方式完成货物运输量及同比增速

指标	单位	数量	同比增速（%）
货物运输总量	万吨	59016.32	16.8
铁路	万吨	5912.00	－10.1

指标	单位	数量	同比增速（%）
公路	万吨	47675.07	24.6
民航	万吨	3.74	14.7
管道	万吨	5425.51	−4.2
货物运输周转量	亿吨·公里	2245.17	9.7
铁路	亿吨·公里	544.76	−4.5
公路	亿吨·公里	1523.81	17.7
民航	亿吨·公里	0.50	15.4
管道	亿吨·公里	176.09	−3.3

2021 年吉林省旅客运输周转量为 255.78 亿人公里，同比增长 6.5%（见表 4.6）；旅客运输总量为 1.41 亿人次，同比下降 11.0%。

表 4.6 2021 年吉林省旅客运输总量、旅客运输周转量及同比增速

指标	单位	数量	同比增速（%）
旅客运输总量	万人次	14094.90	−11.0
铁路	万人次	4216.00	10.0
公路	万人次	9155.43	−20.0
水运	万人次	98.45	160.9
民航	万人次	625.02	18.1
旅客运输周转量	亿人·公里	255.78	6.5
铁路	亿人·公里	135.73	12.3
公路	亿人·公里	72.90	−6.4
水运	亿人·公里	0.09	129.7
民航	亿人·公里	47.06	13.7

2021 年末吉林省铁路营业里程为 5151.60 公里；公路总里

程为 10.87 万公里，其中等级公路总里程为 10.48 万公里，占公路总里程的 96.4%。

2021 年末吉林省民用汽车保有量达到 516.4 万辆，比上年末增长 6.9%（见图 4.6），其中私人汽车保有量 465.9 万辆，增长 6.7%；2021 年末吉林省民用轿车保有量为 307.98 万辆，增长 6.5%，其中私人轿车保有量为 290.75 万辆，增长 6.5%。

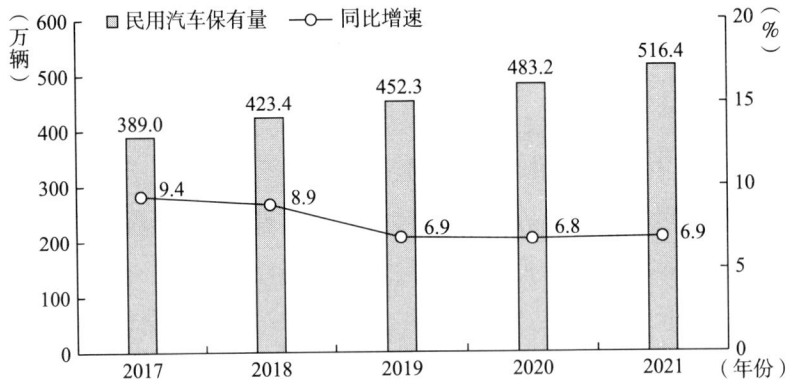

图 4.6　2017～2021 年吉林省民用汽车保有量及同比增速

2021 年吉林省完成邮电业务总量为 350.14 亿元。其中，邮政行业业务总量为 108.59 亿元，同比增长 26.9%；电信业务总量为 241.55 亿元，同比增长 23.8%。2021 年吉林省的邮政寄递服务业务量为 3.41 亿件，同比增长 4.3%；邮政函件业务为 687.83 万件，同比下降 12.7%；包裹业务量为 12.74 万件，同比下降 13.5%。2021 年吉林省的快递业务量为 62197.8 万件，同比增长 39.2%（见图 4.7）；快递业务收入为 76.92 亿元，同比增长 26.7%。

2021 年末吉林省固定电话用户 376.12 万户。移动电话用户 2966.48 万户，移动电话普及率为 123.23 部/百人。互联网络宽带接入用户 734.20 万户，同比增长 12.2%。移动互联网

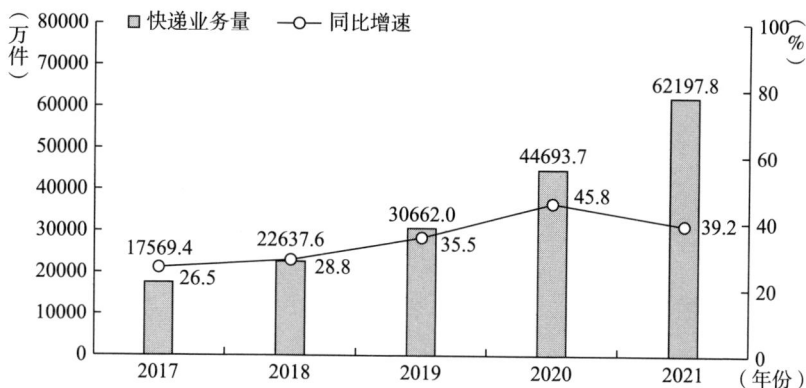

图 4.7　2017～2021 年吉林省快递业务量及同比增速

用户 2454.55 万户，其中手机上网用户 2429.14 万户。移动互联网接入流量 34.78 亿 GB，同比增长 23.3%。

吉林省第一、第二、第三产业发展势头稳中有进，第二产业与第三产业发展势头良好，制造业中的建筑业发展势头迅猛，而服务业因疫情影响触底，但 2021 年迅速恢复并且增长量超越 2019 年，这为先进制造业与现代服务业融合发展奠定了良好基础。

（二）吉林省先进制造业与现代服务业发展现状分析

近年来，国家出台了一系列东北振兴战略政策，吉林省积极响应，切实促进先进制造业与现代服务业各自健康发展，同时不断推进两业融合。吉林省的经济发展一直保持稳步增长态势，产业结构不断改善。服务业不断提升服务水平，逐渐成长为促进经济发展的"主力军"，传统制造业加快产业结构调整，实现高附加值，竞争力显著提升。

1. 吉林省先进制造业发展现状

本部分将分别从先进制造业的发展规模、发展结构和发展潜力三个方面分析吉林省先进制造业的发展现状。

（1）先进制造业的发展规模

吉林省先进制造业发展总量相对较低，总产值呈现逐年上升的趋势，如图4.8所示。2012～2014年增速最快，增长了15.67%，2015～2019年先进制造业的工业总产值以每年约2%的增速平稳递增，2020年则快速增长，达到3501.2亿元，同比增长4.58%。如图4.9所示，截至2020年，吉林省先进制造业企业数量为10321家，与2019年相比增加了871家，但是与2018年相比先进制造业企业数量减少了2566家。可见，吉林省先进制造业扩大规模的速度相对较慢，吉林省的产业结构仍需加快调整，发展空间依然很大。

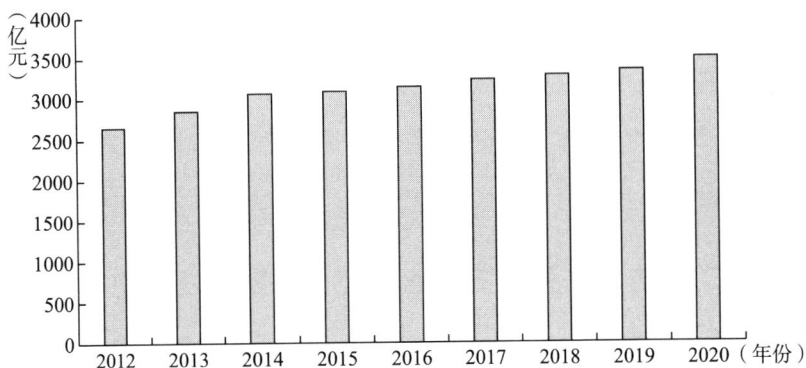

图4.8　2012～2020年吉林省先进制造业总产值情况

数据来源：《吉林统计年鉴》与国家统计局网站。

吉林省先进制造业的就业规模呈现下降趋势。吉林省先进制造业城镇就业人员数在2012～2015年总体呈上升趋势，2015～2019年逐年下降，具体如图4.10所示。截至2019年末，吉林省先进制造业从业人数达到90.3万人，较2018年减少了7.7%。吉林省先进制造业城镇单位就业人员数占城镇从

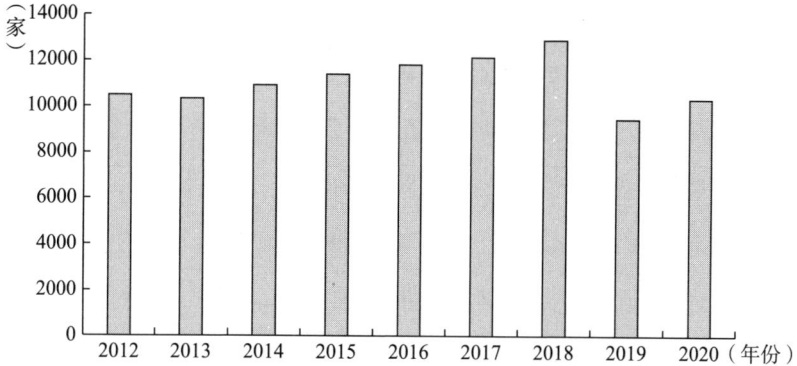

**图 4.9　2012～2020 年吉林省先进制造业企业
数量变动趋势**

数据来源:《吉林统计年鉴》与国家统计局网站。

业人员总数的比重在近几年中呈现下降的趋势,2019 年下降到
13.1%。推动先进制造业发展需要人才的支撑,吉林省人才流
失、人口老龄化等问题较为严重,阻碍了先进制造业的发展,
导致先进制造业对劳动力吸纳能力比较弱。

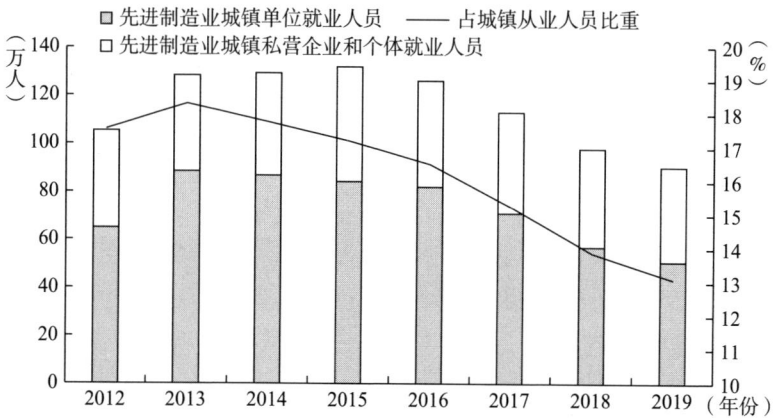

**图 4.10　2012～2019 年吉林省先进制造业城镇就业
人员数变动趋势**

数据来源:国家统计局网站。

（2）先进制造业的发展结构

吉林省先进制造业总产值占整个地区生产总值的比重呈现波动下降的趋势。如图 4.11 所示，2020 年先进制造业总产值占整个地区生产总值的比重下降到 28.6%，整体来看，吉林省先进制造业发展欠佳，但是仍然贡献了 30% 左右的生产总值，说明先进制造业对吉林省的发展至关重要，而先进制造业总产值占地区生产总值比重逐年下降，说明先进制造业在优化过程中遇到瓶颈，升级缓慢。

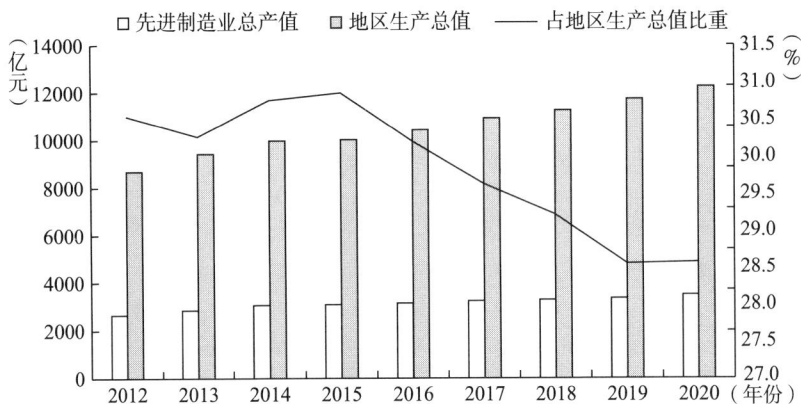

图 4.11　2012～2020 年吉林省先进制造业总产值及其占地区生产总值比重

数据来源：《吉林统计年鉴》与国家统计局网站。

（3）先进制造业的发展潜力

吉林省先进制造业固定资产投资额呈现先增加后降低的趋势。如图 4.12 所示，吉林省先进制造业的固定资产投资额从2012 年开始逐年增加，2015 年已经增加到 3227.01 亿元，较2014 年增加了 12.54%。2015～2019 年先进制造业的固定资产投资额逐年下降，2019 年下降到 1609.6 亿元，较 2018 年下降了 38.2%，虽然 2020 年有所回升，但幅度较小。可见，吉林省先进制造业的整体投资力度不大，导致先进制造业的发展并不理想，吉林省先进制造业还有巨大发展空间。

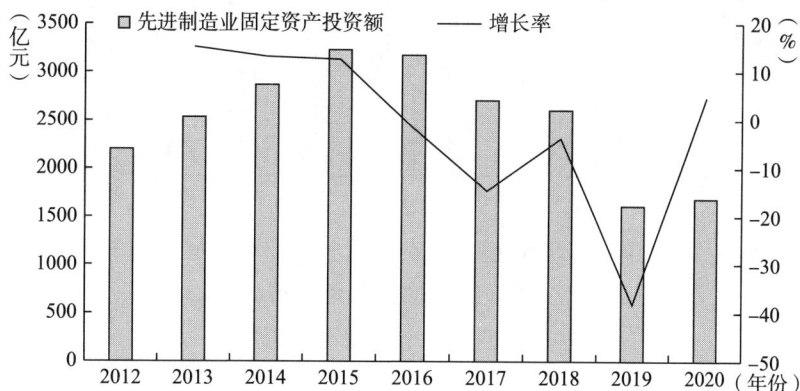

图 4.12　2012～2020 年吉林省先进制造业固定资产投资额变动趋势

数据来源：《吉林统计年鉴》与国家统计局网站。

2. 吉林省现代服务业发展现状

本部分主要从吉林省现代服务业的发展规模、发展结构、发展潜力三个方面对吉林省先进制造业的发展现状进行分析。

（1）吉林省现代服务业的发展规模

吉林省现代服务业的发展规模整体呈现逐年增长的趋势，发展态势良好。

吉林省现代服务业增加值呈稳步上升趋势。如图 4.13 所示，吉林省现代服务业增加值从 2012 年开始逐年增长，从 2012 年的 3367.9 亿元增长至 2020 年的 5423.5 亿元，增加了 2055.6 亿元，增长了 61.03%，2012～2020 年的年均增速为 6.14%。2020 年各地受疫情影响严重，吉林省现代服务业增加值实现了 2.62% 的增长。如图 4.14 所示，吉林省现代服务业企业数量也

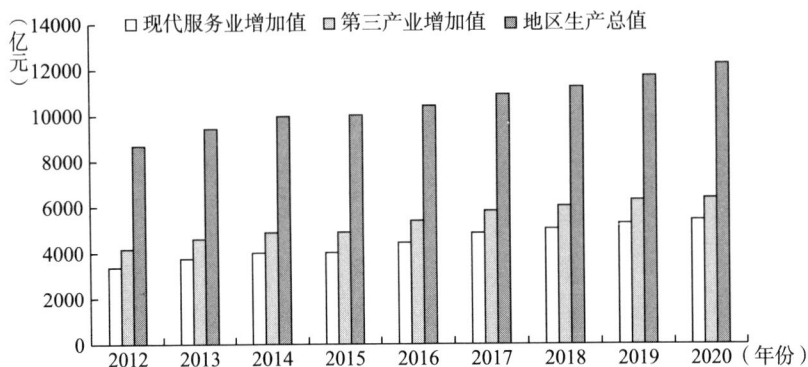

图 4.13　2012～2020 年吉林省现代服务业增加值、第三产业
增加值、地区生产总值变动趋势

数据来源:《吉林统计年鉴》与国家统计局网站。

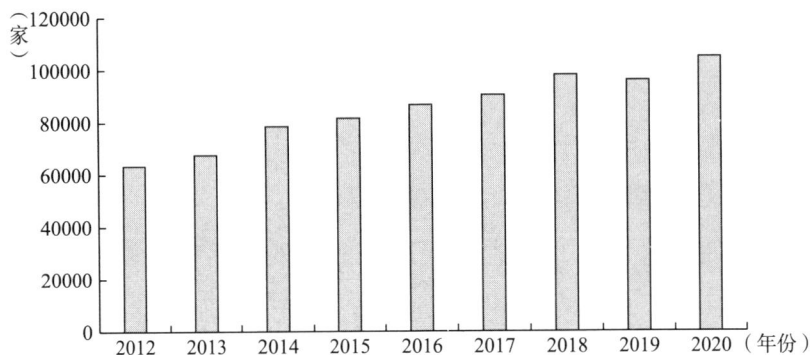

图 4.14　2012～2020 年吉林省现代服务业企业
数量变动趋势

数据来源:《吉林统计年鉴》与国家统计局网站。

整体呈现上升趋势,仅 2019 年有所下降,截至 2020 年末,吉林省现代服务业企业数量共有 104959 家,较 2012 年增长 65.91%,较上年增长 9.35%,2012～2020 年的年均增速为 6.53%。

　　吉林省现代服务业的就业规模不断扩大。如图 4.15 所示,吉林省现代服务业城镇就业人员数呈波动上升趋势。截至 2019

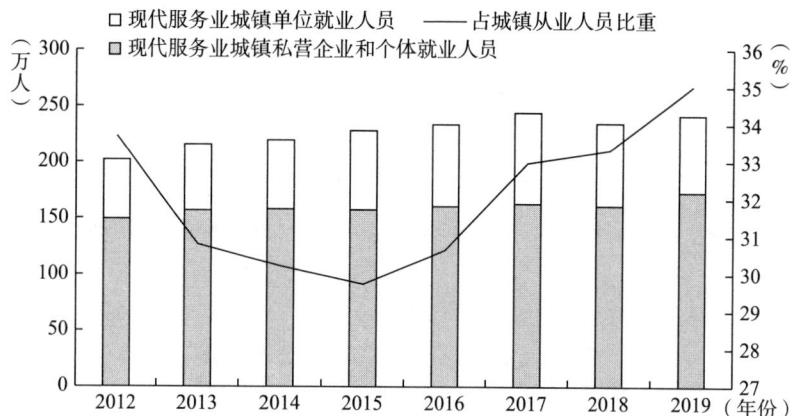

图 4.15　2012～2019 年吉林省现代服务业城镇就业人员数变动趋势

数据来源：《吉林统计年鉴》与国家统计局网站。

年末，吉林省现代服务业城镇单位就业人员数量达到 241.5 万人，较 2012 年增长 19.61%，占吉林省城镇就业人员总数的 35.3%。此外，2012～2015 年，吉林省现代服务业城镇单位就业人员占吉林省全部城镇从业人员的比重呈下降趋势，2015 年后波动上升。这说明吉林省现代服务业的发展对人才的吸引力逐渐上升，能够有效促进就业。

（2）吉林省现代服务业的发展结构

吉林省现代服务业发展结构不断优化。如图 4.16 所示，吉林省第一产业增加值占吉林省地区生产总值的比在 10%～15% 之间变动，变动幅度相对较小；第二产业增加值占比从 2012 年的 38.81% 逐年下降至 2020 年的 35.25%；第三产业增加值占比从 2012 年的 48.02% 上升至 2020 年的 52.08%，与第二产业的差距逐渐增大。这说明吉林省的产业结构正在不断优化，第二产业逐渐向第三产业转移。吉林省现代服务业增加值占吉林省地区生产总值的比逐年上升，2020 年达到 44.25%，相比 2012 年的 38.81% 提升了 5.44 个百分点。2020 年现代服务业增加值占第三产业增加值的比为 84.97%，相比 2012 年的 80.82% 提升了 4.15 个百分点，充分表明吉林省现代服务业对第三产业的发展起着举足轻重的作用，未来将成为带动地区经济增长的重要动力。

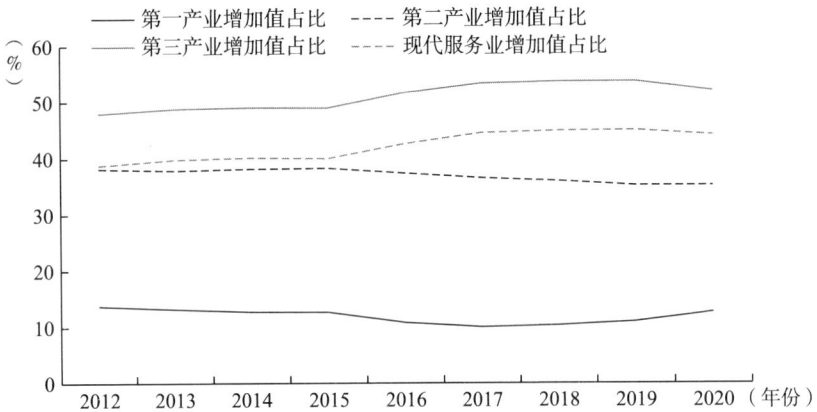

图 4.16　2012～2020 年吉林省三次产业增加值以及现代服务业增加值占地区生产总值比重情况

数据来源：《吉林统计年鉴》与国家统计局网站。

（3）吉林省现代服务业的发展潜力

吉林省现代服务业快速发展。2012～2020 年，吉林省现代服务业增加值年均增速达到了 6.14%，现代服务业企业数量年均增速达到了 6.53%。总体上看，吉林省现代服务业发展态势良好，发展潜力巨大。

吉林省现代服务业实现了良性发展。吉林省现代服务业固定资产投资现状如图 4.17 所示，现代服务业固定资产投资额整体呈现波动上升的态势，2012～2017 年，吉林省固定资产投资

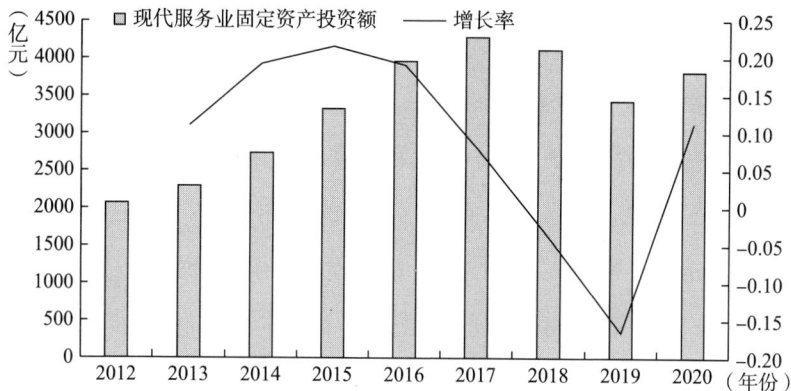

**图 4.17　2012～2020 年吉林省现代服务业固定
资产投资额变动趋势**

数据来源:《吉林统计年鉴》与国家统计局网站。

额从 2067.04 亿元稳步增长至 4279.82 亿元,增长了 107.05%,
2017～2019 年呈下降趋势,但在 2020 年又出现增长。

3. 现代服务业与先进制造业协同发展情况

由于现代服务业与先进制造业在协同发展过程中会彼此互
动、相互作用,因此本书将基于投入产出角度,利用影响力系
数和感应度系数两个指标来分析现代服务业与先进制造业协同
发展态势。

(1) 影响力系数

影响力系数是指某一产业部门增加一个单位最终产品对国
民经济各产业部门的需求的影响波及程度。其计算公式为:

$$R_j = \frac{\sum\limits_{i=1}^{n} \overline{b_{ij}}}{\frac{1}{n} \sum\limits_{j=1}^{n} \sum\limits_{i=1}^{n} \overline{b_{ij}}}, (j = 1, 2, \cdots, n) \qquad (4-1)$$

其中,$\sum\limits_{i=1}^{n} \overline{b_{ij}}$ 是列昂惕夫逆矩阵第 j 列之和,表示 j 产业的

75

影响力；$\frac{1}{n}\sum\limits_{j=1}^{n}\sum\limits_{i=1}^{n}\bar{b}_{ij}$ 是列昂惕夫逆矩阵所有行和列的平均值，表示社会的平均影响力。

影响力系数反映了某一产业对国民经济的拉动力，该系数越大，表明这一产业对其他产业部门的拉动越大，反之则相反。

借鉴以往研究[1][2]对产业影响力系数分解的做法，得出 j 产业对 i 产业的影响力系数的计算公式为：

$$R_{j\to i} = \frac{\bar{b}_{ij}}{\frac{1}{n}\sum\limits_{j=1}^{n}\sum\limits_{i=1}^{n}\bar{b}_{ij}},(j = 1,2,\cdots,n;i = 1,2,\cdots,n) \quad (4-2)$$

式（4-2）表明，$R_{j\to i}$ 越大，j 产业对 i 产业的拉动作用越大。

接下来从现代服务业影响力系数、先进制造业影响力系数两个方面逐一分析，并对整体和其分解后的系数进行对比分析，观察其变化趋势，比较现代服务业和先进制造业对彼此的拉动作用大小。

①现代服务业影响力系数

从表4.7可以看出，2012年和2017年现代服务业影响力系数都大于1，均值是1.175，表明现代服务业对各产业部门拉动力较大，影响力系数从2007年的0.817上升到2012年的1.482后，下降至2017年的1.224，整体上呈现先升后降的趋势。从分解来看，现代服务业对自身的影响力系数最大，均值是0.766，平均作用程度是65.19%，表明现代服务业对自身

① 胡晓鹏，李庆科. 生产性服务业与制造业共生关系研究——对苏、浙、沪投入产出表的动态比较 [J]. 数量经济技术经济研究. 2009, 26（2）; 33-46
② 贺正楚，吴艳，蒋佳林等. 生产服务业与战略性新兴产业互动与融合关系的推演、评价及测度 [J]. 中国软科学. 2013（5）: 129-143

的拉动作用较强，且呈现逐年上升趋势，该系数从 2007 年的
0.417 上升到 2017 年的 1.052。而对先进制造业的影响力系数
较小，均值是 0.102，平均作用程度是 8.68%，表明现代服务
业对先进制造业有一定的拉动力但不强，并且这种拉动作用有
显著上升趋势，上升幅度为 326.32%。

②先进制造业影响力系数

从表 4.7 可以看出，整体上，先进制造业影响力系数都大
于 1，均值是 1.730，表明先进制造业对其他产业部门的拉动
力较大，经济辐射作用强，且呈增长趋势，从 2007 年的 1.101
增长至 2017 年的 2.155。从分解来看，先进制造业对自身的影
响力系数最大，均值是 1.084，平均作用程度是 62.66%，表明
先进制造业对自身的拉动作用强，且呈现上升趋势。而对现代
服务业的影响力系数较小，均值是 0.154，平均作用程度是
8.9%，表明先进制造业对现代服务业的拉动作用较弱，且总
体呈现下降趋势，2017 年该系数下降到 0.066。

表 4.7　现代服务业和先进制造业影响力系数及其分解

影响力系数	2007 年	2012 年	2017 年	均值
现代服务业	0.817	1.482	1.224	1.175
对先进制造业	0.038	0.107	0.162	0.102
对现代服务业	0.417	0.828	1.052	0.766
先进制造业	1.101	1.934	2.155	1.730
对先进制造业	0.742	0.904	1.606	1.084
对现代服务业	0.181	0.214	0.066	0.154

（2）感应度系数

感应度系数是指当国民经济各产业部门都增加一个单位的

最终使用量时，其中某一产业部门因此所受到的需求感应度大小。其计算公式为：

$$S_i = \frac{\sum\limits_{j=1}^{n} \overline{b_{ij}}}{\frac{1}{n}\sum\limits_{i=1}^{n}\sum\limits_{j=1}^{n} \overline{b_{ij}}}, (i = 1, 2, \cdots, n) \qquad (4-3)$$

其中，$\sum\limits_{j=1}^{n} \overline{b_{ij}}$ 是列昂惕夫逆矩阵第 i 行之和，表示 i 部门的感应度；$\frac{1}{n}\sum\limits_{i=1}^{n}\sum\limits_{j=1}^{n} \overline{b_{ij}}$ 是列昂惕夫逆矩阵所有行和列的平均值，表示社会的平均感应度。

感应度系数反映了某一产业对国民经济的支撑作用，该系数越大，表明该产业对其他产业部门的支撑作用越强，反之则相反。

同样借鉴以往研究对产业感应度系数分解的做法，得出 i 产业受到 j 产业的感应度系数的计算公式为：

$$S_{i \to j} = \frac{\overline{b_{ij}}}{\frac{1}{n}\sum\limits_{i=1}^{n}\sum\limits_{j=1}^{n} \overline{b_{ij}}}, (i = 1, 2, \cdots, n; j = 1, 2, \cdots, n) \quad (4-4)$$

式（4-4）表明，$S_{i \to j}$ 越大，i 产业受到 j 产业的支撑作用越大。

接下来分别从现代服务业感应度系数、先进制造业感应度系数两个方面逐一分析，并对整体和其分解后的系数进行对比分析，观察其变化趋势，比较现代服务业和先进制造业对彼此的支撑作用大小。

①现代服务业感应度系数

从表4.8可以看出，整体上，现代服务业感应度系数均大于1，均值是1.548，表明现代服务业对其他产业部门的支撑作用较强，但有缓慢下降的趋势，该系数从2007年的1.607下降到2017年的1.458。从分解来看，现代服务业来自自身的感应度系数最大，均值是0.814，平均作用程度是52.58%，表明现代服务业对自身的支撑作用较强，且呈现稳定增长趋势，从2007年的0.417上升至2017年的1.052。现代服务业来自先进制造业的感应度系数较小，均值为0.166，平均作用程度是10.72%，表明现代服务业对先进制造业有一定的支撑作用但不强，不过这种支撑作用呈现下降的趋势，2017年感应度系数下降至0.066。

②先进制造业感应度系数

从表4.8可以看出，整体上，先进制造业感应度系数大于1，均值是2.985，表明先进制造业对其他产业部门的支撑作用较强，但呈现连续下降的趋势，感应度系数从2007年的4.516下降到2017年的1.813。从分解来看，先进制造业来自自身的感应度系数较大，均值是1.245，平均作用程度是41.7%，表明先进制造业对自身的支撑作用较强，且呈连续上升趋势，上升幅度是116.44%。先进制造业来自现代服务业的感应度系数较小，均值是0.121，平均作用程度是4.05%，表明先进制造业对现代服务有一定的支撑作用但不强，但该支撑作用呈上升趋势，2017年上升到0.162。

表 4.8　现代服务业和先进制造业感应度系数及其分解

感应度系数	2007 年	2012 年	2017 年	均值
现代服务业	1.607	1.578	1.458	1.548
对先进制造业	0.181	0.252	0.066	0.166
对现代服务业	0.417	0.973	1.052	0.814
先进制造业	4.516	2.625	1.813	2.985
对先进制造业	0.742	1.386	1.606	1.245
对现代服务业	0.039	0.163	0.162	0.121

由以上分析可以看出，虽然现代服务业和先进制造业都对自身的拉动或者支撑作用最大，但现代服务业和先进制造业彼此之间仍然表现出了一定的拉动和支撑作用，因此吉林省现代服务业与先进制造业之间具有一定的协同发展态势，但是其协同发展具有不均衡性的特点，因为它们对彼此的拉动作用或者支撑作用变化趋势不同。

（三）吉林省先进制造业与现代服务业融合发展实证分析

吉林省先进制造业与现代服务业融合发展实证分析分为两个部分，第一部分测评先进制造业与现代服务业的协同度，并结合协同度结果，分析先进制造业与现代服务业融合发展水平动态变化特征。第二部分在协同度测评结果的基础上，找出妨碍两个产业融合发展的因素，进一步研究各个因素对两业融合发展的影响程度。

1. 先进制造业与现代服务业融合发展水平测度分析

先进制造业和现代服务业包含的行业较多，需要构建一个评价指标体系分析先进制造业和现代服务业的发展水平，还需要构建一个模型综合表现先进制造业与现代服务业融合发展的作用，通过构建耦合协同度模型测度先进制造业与现代服务业之间的协同度，协同度大小反映两个产业的融合发展水平，通过对比分析总结其动态变化特征。

（1）先进制造业与现代服务业融合发展评价指标体系及模型构建

对先进制造业与现代服务业融合发展水平进行科学评价的基础是构建一个融合发展评价指标体系，指标的选取不是任意的。由于各个指标相对重要性不同，需要计算各个指标的权重，因此本书使用熵权法求得指标权重，并构建耦合协同度模型，用于测算协同度，反映两业融合发展水平。

①指标选取原则

研究现代服务业发展水平和先进制造业发展水平必须客观、准确、全面，因此在构建融合发展评价指标体系时必须遵循以下基本原则。

一是代表性原则。能够反映先进制造业和现代服务业融合发展水平的指标很多，但不可能全部列入，要选取最具代表性的指标列入指标体系。

二是全面性原则。选取的具有代表性的指标数量是有限的，但是选取的指标也要具有全面性，能够综合反映两个产业各自的发展水平。

三是可操作性原则。在选择指标过程中，会发现有些指标虽然能够反映产业发展情况，但数据获取比较困难或难以量化，不利于数据分析和比较，所以指标选取还要具有可操作性，尽可能地使用易于获取和量化的指标。

②融合发展评价指标体系构建

从全面性原则出发，评价指标体系的构建包含规模指标、结构指标、成长指标、效益指标、创新指标 5 个一级指标，从代表性和可操作性原则出发，选取 14 个二级指标构建先进制造业与现代服务业融合发展评价指标体系，如表 4.9 所示。

规模指标。产业规模是反映产业发展水平的基本指标，先进制造业与现代服务业发展规模主要体现在经济总量、人力资源等方面。本书选取了增加值（总产值）、城镇就业人员数、固定资产投资额三个指标来衡量。

结构指标。这一指标用来反映先进制造业和现代服务业分别在国民经济中所占比重的大小，能够看出其对经济社会发展的作用程度。本书选取了增加值（总产值）占 GDP 比重、城镇就业人员数占城镇就业人员总数比重、固定资产投资额占全社会固定资产投资额的比重三个指标来衡量。

成长指标。这一指标反映先进制造业和现代服务业在发展过程中的变化方向和程度，能够看出其发展的动态变化趋势。本书选取了增加值（总产值）增长率、城镇就业人员数增长率、固定资产投资额增长率三个指标来衡量。

效益指标。这一指标反映先进制造业和现代服务业所创造的经济效益，经济效益越高，说明该产业发展越好，相应地对国民经济的贡献就越大。本书选取了劳动生产率、就业贡献率、固定资产投资效果系数三个指标来衡量。

创新指标。这一指标反映先进制造业和现代服务业的技术创新水平，由于现代服务业的高技术和先进制造业的技术先进性等特点，可以看出创新能力是先进制造业和现代服务业发展的关键部分。本书选取了科学研究与开发机构 R&D 人员数、科学研究与开发机构 R&D 经费内部支出两个指标来衡量现代服务业创新能力，选取了高技术产业 R&D 人员全时当量、高技术产业 R&D 经费内部支出两个指标来衡量先进制造业创新能力。

表 4.9　先进制造业与现代服务业融合发展评价指标体系

行业	一级指标	二级指标
现代服务业	规模指标	现代服务业增加值（亿元）
		现代服务业城镇就业人员数（万人）
		现代服务业固定资产投资额（亿元）
	结构指标	现代服务业增加值占 GDP 比重（%）
		现代服务业城镇就业人员数占城镇就业人员总数比重（%）
		现代服务业固定资产投资额占全社会固定资产投资额的比重（%）
	成长指标	现代服务业增加值增长率（%）
		现代服务业城镇就业人员数增长率（%）
		现代服务业固定资产投资额增长率（%）
	效益指标	现代服务业劳动生产率（亿元/万人）
		现代服务业就业贡献率（%）
		现代服务业固定资产投资效果系数（%）
	创新指标	科学研究与开发机构 R&D 人员数（人）
		科学研究与开发机构 R&D 经费内部支出（万元）
先进制造业	规模指标	先进制造业总产值（亿元）
		先进制造业城镇就业人员数（万人）
		先进制造业固定资产投资额（亿元）
	结构指标	先进制造业总产值占 GDP 比重（%）
		先进制造业城镇就业人员数占城镇就业人员总数比重（%）
		先进制造业固定资产投资额占全社会固定资产投资额的比重（%）
	成长指标	先进制造业总产值增长率（%）
		先进制造业城镇就业人员数增长率（%）
		先进制造业固定资产投资额增长率（%）

行业	一级指标	二级指标
先进制造业	效益指标	先进制造业劳动生产率（亿元/万人）
		先进制造业就业贡献率（%）
		先进制造业固定资产投资效果系数（%）
	创新指标	高技术产业 R&D 人员全时当量（人年）
		高技术产业 R&D 经费内部支出（万元）

③指标权重的确定

考虑到主观赋权法的评价结果缺乏客观准确性，因此本书采用客观赋权法中的熵权法计算指标权重。具体计算步骤如下。

假设有 m 个评价对象，n 个指标，得到原始矩阵 $X = (x_{ij})_{m \times n}$，其中 x_{ij} 是第 j 个指标下第 i 个评价对象的指标值。

第一，数据的标准化处理。对数据进行标准化处理。

$$x_{ij} = \begin{cases} \dfrac{x_{ij} - x_{j\,min}}{x_{j\,max} - x_{j\,min}}, & x_{ij} \text{ 是正指标}; \\[4mm] \dfrac{x_{j\,max} - x_{ij}}{x_{j\,max} - x_{j\,min}}, & x_{ij} \text{ 为负指标}. \end{cases} \quad (4-5)$$

其中，$x_{j\,min}$、$x_{j\,max}$ 分别是 x_j 的最小值和最大值。因为信息熵要取对数，为了防止出现非正的情况，对标准化的数据进行平移处理：$u_{ij} = x'_{ij} + 0.5$，得到新矩阵 $U = (u_{ij})_{m \times n}$。

第二，计算第 j 个指标下第 i 个评价对象指标值的比重 p_{ij}。

$$p_{ij} = \frac{u_{ij}}{\sum\limits_{i=1}^{m} u_{ij}} \quad (4-6)$$

第三，计算第 j 个指标信息熵 e_j 和信息效用值 d_j。

$$e_j = -\frac{1}{\ln m} \times \sum_{i=1}^{m} p_{ij} \ln p_{ij} \qquad (4-7)$$

$$d_j = 1 - e_j \qquad (4-8)$$

第四，计算第 j 个指标权重 w_j。

$$w_j = \frac{d_j}{\sum\limits_{j=1}^{n} d_j} \qquad (4-9)$$

从以上公式可以看出，d_j 越大，指标价值大，相应的 w_j 也就越大，反之 w_j 就越小。

④耦合协同度模型构建

耦合最初是物理学上的概念，现在耦合协同度模型主要用于分析事物的协同发展水平。耦合度指两个或两个以上系统相互作用影响、实现协同发展的动态关联关系，可以反映系统之间相互依赖和相互制约的程度。协同度指耦合相互作用关系中良性耦合的程度，它体现了协同状况的好坏。本书将构建耦合协同度模型来测度先进制造业与现代服务业的协同度。

设复合系统子系统为 S_j，$j \in [1, k]$，定义序参量变量为 $e_j = (e_{j1}, e_{j2}, \cdots, e_{jn})$，其中 e_{ji} 为子系统 j 的第 i 个指标值，$n \geqslant 1$，$i \in [1, n]$。

第一，序参量分量对子系统的贡献度。

采用功效函数计算序参量分量对其子系统的贡献度 $u_j(e_{ji})$。

$$u_j(e_{ji}) = \begin{cases} \dfrac{e_{ji} - \beta_{ji}}{\alpha_{ji} - \beta_{ji}}, & e_{ji} \text{ 是正指标}; \\[3mm] \dfrac{\alpha_{ji} - e_{ji}}{\alpha_{ji} - \beta_{ji}}, & e_{ji} \text{ 为负指标}. \end{cases} \qquad (4-10)$$

其中，β_{ji}、α_{ji} 分别是各个序参量分量的最小值和最大值，即 $\beta_{ji} \leqslant e_{ji} \leqslant \alpha_{ji}$；$u_j(e_{ji}) \in (0,1)$，其值越大，说明序参量分量对子系统的贡献度越大。当序参量分量是正指标时，指标值与子系统的贡献度是正相关关系，当序参量分量是负指标时，指标值与子系统的贡献度是负相关关系。本书选取的指标均为正指标。

第二，子系统综合序参量。

在式（4-10）的基础上，把各个序参量分量对应的 $u_j(e_{ji})$ 通过线性加权法加总得到的结果，就是子系统综合序参量。其中，各指标的权重是利用前文介绍的熵权法得到的，其公式为：

$$u_j = \sum_{i=1}^{n} \lambda_i u_j(e_{ji}), \sum_{i=1}^{n} \lambda_i = 1 \qquad (4-11)$$

其中，λ_i 为各指标的权重；$u_j \in [0,1]$，其值越大，表明子系统发展水平越高。

第三，耦合度模型。

建立包含 n 个子系统的耦合度模型如下：

$$C = \left\{ (u_1 \times u_2 \times \cdots \times u_n) / \left[\prod (u_i + u_j) \right] \right\}^{1/n} \qquad (4-12)$$

式中，耦合度 $C \in [0,1]$。但由于本书只讨论先进制造业和现代服务业两个子系统，又同时保证值域在 0 和 1 之间，因此两个子系统之间的耦合度模型可以表示为：

$$C = 2\left\{ (u_1 \times u_2) / \left[(u_1 + u_2)^2 \right] \right\}^{1/2} = 2 \times \sqrt{\frac{u_1 u_2}{(u_1 + u_2)^2}}$$

$$(4-13)$$

第四，融合协同度模型。

耦合度有时难以真实反映子系统间的协同评价结果，当先进制造业和现代服务业子系统有序度结果都较低且结果差不多时，就会得到伪协同结果，因此构造两个子系统的协同度模型为：

$$D = (C \times T)^{\theta}，其中 \ T = au_1 + bu_2 \qquad (4-14)$$

式中，D 为协同度，T 为综合评价指数，θ，a，b 为待定系数，一般取 $\theta = 0.5$，$a + b = 1$。本书认为先进制造业和现代服务业在相互作用中具有同等重要性，取 $a = b = 0.5$，因此协同度模型变为：

$$D = (C \times T)^{0.5}，其中 \ T = 0.5u_1 + 0.5u_2 \qquad (4-15)$$

式中 $D \in [0,1]$，其值越大，说明两个子系统间的协同发展程度越高。根据协同度 D 的大小，将协同状态划分为如表 4.10 所示的七种协同状态。

表 4.10 协同度评价标准

协同度	0 ~ 0.4	0.4 ~ 0.5	0.5 ~ 0.6	0.6 ~ 0.7	0.7 ~ 0.8	0.8 ~ 0.9	0.9 ~ 1
协同状态	严重不协同	中度不协同	轻度不协同	弱协同	基本协同	良好协同	优质协同

（2）数据来源及说明

样本研究区间是 2012 ~ 2020 年，数据主要来源于《吉林统计年鉴》《中国劳动统计年鉴》《中国高技术产业统计年鉴》等。先进制造业和现代服务业的原始数据通过上文界定的细分行业数据加总得到，其中有个别行业存在数据缺失，缺失数据通过年增速均值和插值法估计得到。另外，还需要将整理归纳好的数据进行预处理，主要基于以下两点考虑：一是价格因素的影响，本书采用以 2012 年为不变价的居民消费价格指数、固定资产价格指数进行平减；二是各指标单位不同，为了方便分析，利用 SPSS24.0 把原始数据进行 Z – SCORE 标准化计算。利用 SPSS24.0 得到先进制造业和现代服务业的描述性统计，如表 4.11 和表 4.12 所示。

表 4.11　现代服务业描述性统计

指标	单位	最小值	最大值	平均值	标准差
现代服务业增加值	亿元	3367.9	5285.2	4350.363	676.439
现代服务业城镇就业人员数	万人	201.9	244.1	227.35	14.270
现代服务业固定资产投资额	亿元	2067.039	4279.815	3276.358	838.394
现代服务业增加值占 GDP 比重	%	38.81%	45.07%	42.02%	0.026
现代服务业城镇就业人员数占城镇就业人员总数比重	%	28.96%	33.98%	31.89%	0.016
现代服务业固定资产投资额占全社会固定资产投资额的比重	%	22.32%	32.59%	27.50%	0.038
现代服务业增加值增长率	%	0.28%	13.53%	7.57%	0.045
现代服务业城镇就业人员数增长率	%	– 3.81%	6.74%	2.64%	0.030
现代服务业固定资产投资额增长率	%	– 16.60%	21.56%	8.40%	0.130

指标	单位	最小值	最大值	平均值	标准差
现代服务业劳动生产率	亿元/万人	166810.302	218848.861	190477.678	19257.595
现代服务业就业贡献率	%	-203.95%	329.15%	160.81%	1.760
现代服务业固定资产投资效果系数	%	520.232	568.530	541.198	15.398
科学研究与开发机构R&D人员数	人	8427	9126	8885.5	232.213
科学研究与开发机构R&D经费内部支出	万元	248269	461582	303505.75	67659.716

表4.12 先进制造业描述性统计

指标	单位	最小值	最大值	平均值	标准差
先进制造业总产值	亿元	2649.7	3347.8	3084.563	233.110
先进制造业城镇就业人员数	万人	90.3	131.9	115.188	15.952
先进制造业固定资产投资额	亿元	1609.6	3227.01	2615.6575	527.168
先进制造业总产值占GDP比重	%	28.55%	30.85%	30.00%	0.008
先进制造业城镇就业人员数占城镇就业人员总数比重	%	12.45%	18.52%	16.18%	0.0235
先进制造业固定资产投资额占全社会固定资产投资额的比重	%	14.40%	26.07%	22.38%	0.040
先进制造业总产值增长率	%	0.84%	11.52%	4.44%	0.039
先进制造业城镇就业人员数增长率	%	-13.45%	21.75%	-1.42%	0.109

指标	单位	最小值	最大值	平均值	标准差
先进制造业固定资产投资额增长率	%	−38.20%	19.37%	0.23%	0.194
先进制造业劳动生产率	亿元/万人	222519.5	370741.971	273637.527	53458.032
先进制造业就业贡献率	%	−404.39%	502.19%	−91.25%	3.011
先进制造业固定资产投资效果系数	%	316.287	427.553	383.198	45.322
高技术产业 R&D 人员全时当量	人年	2138	4422	3241.038	670.050
高技术产业 R&D 经费内部支出	万元	72386.8	118036	92835.013	17865.872

（3）协同度测算结果及分析

采用上文构建的耦合协同度模型来测算先进制造业与现代服务业的协同度，利用其结果分析先进制造业与现代服务业的融合发展水平，为了能够全面对比分析先进制造业和现代服务业的发展水平以及融合发展水平动态变化特征，本书主要从时间维度上进行分析。

根据上文介绍的熵权法确定先进制造业和现代服务业的指标权重，如表 4.13 所示，可以看出现代服务业指标权重中大于 0.08 的有 5 个，说明这些指标对现代服务业有序程度贡献大；先进制造业指标权重中大于 0.08 的有 5 个，说明这些指标对先进制造业有序程度贡献大。

根据耦合协同度模型，计算得出 2012～2019 年现代服务业综合序参量和先进制造业综合序参量，以及两个产业的协同度，如表 4.14 所示。

表 4.13 先进制造业和现代服务业指标权重

现代服务业指标	权重	先进制造业指标	权重
现代服务业增加值	0.076	先进制造业总产值	0.055
现代服务业城镇就业人员数	0.062	先进制造业城镇就业人员数	0.074
现代服务业固定资产投资额	0.084	先进制造业固定资产投资额	0.053
现代服务业增加值占GDP比重	0.103	先进制造业总产值占GDP比重	0.060
现代服务业城镇就业人员数占城镇就业人员总数比重	0.057	先进制造业城镇就业人员数占城镇总就业总人员数比重	0.073
现代服务业固定资产投资额占全社会固定资产投资额的比重	0.084	先进制造业固定资产投资额占全社会固定资产投资额的比重	0.055
现代服务业增加值增长率	0.067	先进制造业总产值增长率	0.100
现代服务业城镇就业人员数增长率	0.046	先进制造业城镇就业人员数增长率	0.070
现代服务业固定资产投资额增长率	0.060	先进制造业固定资产投资额增长率	0.053
现代服务业劳动生产率	0.090	先进制造业劳动生产率	0.095
现代服务业就业贡献率	0.054	先进制造业就业贡献率	0.082
现代服务业固定资产投资效果系数	0.072	先进制造业固定资产投资效果系数	0.083
科学研究与开发机构R&D人员数	0.056	高技术产业R&D人员全时当量	0.051
科学研究与开发机构R&D经费内部支出	0.090	高技术产业R&D经费内部支出	0.096

表 4.14　现代服务业综合序参量、先进制造业综合序参量
及两个产业的协同度

年份	现代服务业综合序参量	先进制造业综合序参量	协同度
2012	0.167	0.481	0.533
2013	0.362	0.663	0.700
2014	0.403	0.616	0.706
2015	0.493	0.578	0.731
2016	0.650	0.494	0.752
2017	0.769	0.380	0.735
2018	0.587	0.297	0.646
2019	0.761	0.175	0.604

根据表 4.14 我们可以得到 2012～2019 年现代服务业综合
序参量和先进制造业综合序参量以及两个产业的协同度的变化
情况，如图 4.18 所示。

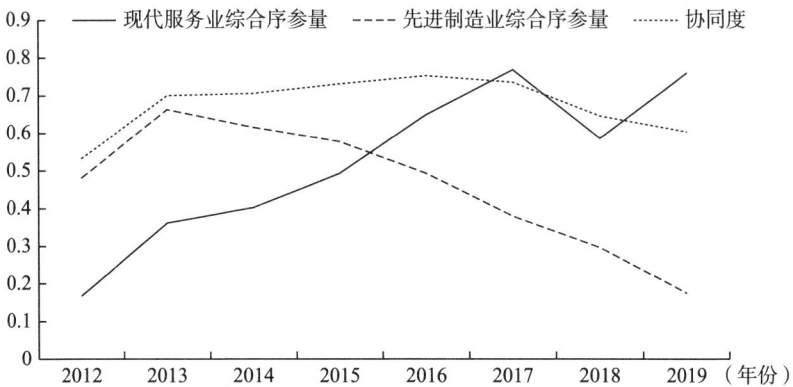

图 4.18　2012～2019 年先进制造业综合序参量、现代服务业综合
序参量和两个产业的协同度变化

根据图 4.18 的结果，通过对比分析综合序参量和协同度，
总结出如下关于 2012～2019 年吉林省先进制造业与现代服务
业协同发展水平动态变化的特征。

第一，从先进制造业和现代服务业的综合序参量来看，现代服务业发展水平稳定提高，先进制造业发展水平有所提高后又逐渐下降。现代服务业综合序参量在波动中呈现上升趋势，上升幅度为355.69%。先进制造业综合序参量在波动中呈先上升后下降趋势，从2012年0.481增加到2013年0.663，上升幅度为37.83%，从2013年0.663下降到2019年0.175，下降幅度为73.60%，下降的原因可能是先进制造业拉动现代服务业发展，现代服务业在推动先进制造业不断提高的过程中逐渐发展壮大，也对先进制造业造成了一定的挤压效应。

第二，比较现代服务业综合序参量和先进制造业综合序参量，先进制造业与现代服务业融合发展属于单一产业主导的融合发展类型。以2015年为界分为两个阶段，2012~2015年为第一阶段，先进制造业综合序参量大于现代服务业综合序参量，两业融合属于先进制造业主导的融合发展类型，先进制造业发展水平高于现代服务业；2016~2019年为第二阶段，现代服务业综合序参量大于先进制造业综合序参量，两业融合属于现代服务业主导的融合发展类型，现代服务业发展水平高于先进制造业，两阶段发展不均衡。

第三，从先进制造业与现代服务业协同度来看，基本处于弱协同到基本协同状态。2012年处于轻度不协同状态，2013~2017年一直处于基本协同状态，说明先进制造业与现代服务业协同发展水平已经趋向良性发展，2017~2019年从基本协同回落为弱协同状态，主要原因是2017年以后现代服务业呈现快速发展趋势，虽然2018年增速有所回落，但整体呈上升趋势，然而先进制造业的发展速度则稍微缓慢，破坏了整体协同状态，导致协同度下降。

2. 先进制造业与现代服务业融合发展影响因素分析

通过上文测算出的先进制造业与现代服务业协同度，发现吉林省先进制造业与现代服务业融合发展水平有所提高，但近十年来基本处于弱协同状态或基本协同状态，因此先进制造业与现代服务业在融合发展过程中存在阻滞因素，下文将进一步研究各种因素对先进制造业与现代服务业融合发展的影响程度。

（1）两业融合发展影响因素指标体系及模型构建

影响先进制造业与现代服务业融合发展的因素很多，在构建指标体系时应选取可获得性高且有代表性的因素进行分析，在此基础上构建灰色关联度模型，测算关联度，比较各种因素对先进制造业与现代服务业融合发展的影响程度。

①两业融合发展影响因素指标体系构建

基于代表性、全面性、可获得性等原则，主要从政府、市场以及吉林省自身条件三个层面出发选取指标，构建融合发展影响因素指标体系，如表4.15所示。

在政府层面主要衡量政策环境这一影响因素。政府在先进制造业和现代服务业融合发展中有着重要地位，因为两业融合发展需要政府的引导和支持，为之营造良好的政策环境。本书用政府财政支出占 GDP 比重这一指标代表政策环境。

在市场层面主要衡量市场需求这一影响因素。先进制造业和现代服务业融合发展离不开市场的支持，市场通过发挥"看不见手"的作用促进要素等资源的流动和合理分配。另外，从消费者的市场需求来说，增加"先进＋服务"型产品的需求，能够加快促进吉林省两业融合发展。本书用城镇居民人均可支配收入、农村居民人均可支配收入两个指标代表市场需求。

吉林省自身条件选取了经济发展水平、资本投入水平、信息化水平、人力资本水平、技术创新能力、对外开放程度 6 个影响因素。经济发展水平是两业融合发展的经济基础，为促进两业融合发展提供了条件，本书用人均 GDP 代表经济发展水平。资本投入水平是影响两业融合发展的基础因素，越重视对先进制造业和现代服务业的资本投入，越有利于扩大它们的产业规模，提高技术水平，优化产业结构，加快产业转型升级，从而有利于两业融合发展，本书用全社会固定资产投资总额占 GDP 比重代表资本投入水平。在信息化水平方面，提升信息技术能够加快企业之间的信息沟通，减少由于信息不对称等情况造成的资源损失，从而带动两业融合发展，本书用电信业务总量占 GDP 比重代表信息化水平。在人力资本水平方面，知识溢出效应能够促进两业融合发展，本书用每万人拥有本科及以上学历的人数代表人力资本水平。技术创新能力是两业融合发展的核心动力，两业融合发展离不开技术创新的推动作用，本书用三项专利受理数代表技术创新能力。对外开放程度也是影响两业融合发展的重要因素，扩大对外开放，引进国外先进的技术、经验、人才，吸引外商投资，主动承接产业转移，能够加快两业融合发展，本书用外贸依存度代表对外开放程度。

表 4.15　融合发展影响因素指标体系

影响因素	指标	符号
政策环境	财政支出占 GDP 比重（%）	X1
市场需求	城镇居民人均可支配收入（元）	X2
	农村居民人均可支配收入（元）	X3

影响因素	指标	符号
经济发展水平	人均 GDP（元）	X4
资本投入水平	全社会固定资产投资总额占 GDP 比重（%）	X5
信息化水平	电信业务总量占 GDP 比重（%）	X6
人力资本水平	每万人拥有本科及以上学历的人数（人）	X7
技术创新能力	三项专利受理数（件）	X8
对外开放程度	外贸依存度（%）	X9

②灰色关联度模型构建

灰色关联度模型基于观察比较数列和参考序列的曲线形状，如果两种序列的曲线形状较接近，说明这两者之间的关联度较大。

设参考序列为 $X_0 = [x_0(1), x_0(2), \cdots, x_0(n)]$，比较数列为 $X_i = [x_i(1), x_i(2), \cdots, x_i(n)]$，其中 $x_i(n)$ 是序列 i 在 n 时刻的数值。本书以测算的协同度作为参考序列，各种因素指标作为比较序列，具体步骤如下。

第一，数据无量纲化处理。

采用初值化算法对数据进行无量纲化处理，其公式如下。

$$X_i' = \frac{X_i}{x_i(1)} = [x_i'(1), x_2'(2), \cdots, x_i'(n)], i = 0, 1, \cdots, m$$

$$(4 - 16)$$

第二，计算差序列和两极最大差、最小差，利用式（4 - 16）得到差序列 $\Delta_i(t)$。

$$\Delta_i(t) = |x_0'(t) - x_i'(t)| \qquad (4 - 17)$$

在式（4 - 17）的结果下得到两极最大差 M、最小差 m。

$$M = \max_i \max_i \Delta_i(t) \qquad (4-18)$$

$$m = \min_t \min_t \Delta_i(t) \qquad (4-19)$$

第三，计算关联系数。

利用差序列和两极最大差、最小差，得到关联系数 $\gamma_{0i}(t)$。

$$\gamma_{0i}(t) = \frac{m + \xi M}{\Delta_i(t) + \xi M} \qquad (4-20)$$

式中，ξ 为分辨系数，一般取 $\xi = 0.5$。

第四，计算关联度。

利用式（4-20）对关联系数求平均值，即可得关联度 γ_{0i}。

$$\gamma_{0i} = \frac{1}{n} \sum_{t=1}^{n} \gamma_{0i}(t), i = 1, 2, \cdots, m; t = 1, 2, \cdots, n \quad (4-21)$$

（2）数据来源及处理

样本研究区间是 2012~2020 年，数据主要来源于《吉林统计年鉴》，其中个别年份存在数据缺失，缺失数据通过年增速均值估计得到。将整理归纳好的数据进行数据预处理，由于存在价格因素的影响，本书将采用以 2012 年为不变价的居民消费价格指数、固定资产价格指数进行平减，利用 SPSS24.0 得到影响因素指标的描述性统计，如表 4.16 所示。

表 4.16 影响因素指标描述性统计

指标	最小值	最大值	平均值	标准差
财政支出占 GDP 比重（%）	28.48	34.39	32.02	2.4
城镇居民人均可支配收入（元）	19352	33395.7	26613.07	4860.56
农村居民人均可支配收入（元）	8741	16067.03	12272.55	2396.73
人均 GDP（元）	32005	50800	41026.56	6062.22

指标	最小值	最大值	平均值	标准差
全社会固定资产投资总额占 GDP 比重（%）	42.99	94.47	72.996	19.416
电信业务总量占 GDP 比重（%）	2.53	17.22	6.777	5.766
每万人拥有本科及以上学历的人数（人）	289	371	317.222	24.046
三项专利受理数（件）	6219	23951	11718.222	5507.097
外贸依存度（%）	10.4	17.87	13.29	2.88

（3）实证结果分析

利用灰色关联度模型计算得到吉林省先进制造业与现代服务业协同度和各影响因素指标之间的关联度，并按照关联度大小进行排序，如表4.17所示。关联度在0.5以下，表明关联度弱；关联度在0.5~0.65，表明关联度一般；关联度在0.65~0.85，表明关联度较强；关联度在0.85以上，表明关联度强。

表 4.17　先进制造业与现代服务业协同度和各影响因素指标之间的关联度

因素	X1	X2	X3	X4	X5	X6	X7	X8	X9
关联度	0.932	0.928	0.929	0.932	0.839	0.784	0.917	0.858	0.817
排序	2	4	3	1	7	9	5	6	8

根据表4.17的结果，得出以下结论。

整体来看，吉林省先进制造业与现代服务业协同度和各影响因素指标之间的关联度处于0.784~0.932，说明各指标对吉林省先进制造业与现代服务业融合发展的影响程度具有多层次阶梯性的特点，它们之间具有明显的差距。

具体来看，政策环境、市场需求、经济发展水平、人力资本水平、技术创新能力在两业融合发展过程中发挥着重要影响作用。其中财政支出占 GDP 比重、城镇居民人均可支配收入、农村居民人均可支配收入、人均 GDP、每万人拥有本科及以上学历的人数、三项专利受理数和协同度的关联度在 0.85 以上，说明它们对两业融合发展影响程度大。

资本投入水平、对外开放程度、信息化水平对两业融合发展的影响程度较大。全社会固定资产投资总额占 GDP 比重、外贸依存度、电信业务总量占 GDP 比重和协同度的关联度在 0.65 ~ 0.85 之间，说明它们对两业融合发展的作用也不容忽视。资本投入水平和协同度的关联度为 0.839，吉林省要继续加强对先进制造业和现代服务业的资本投入水平，使制造业成功转型升级，增加"制造＋服务"型企业类型，产业结构从低级向高级发展。对外开放程度和协同度的关联度为 0.817，说明吉林省为两业融合发展提供了良好的对外开放贸易平台，但仍然要进一步提高对外开放水平，为两业融合发展提供更好的开放环境。信息化水平和协同度的关联度为 0.784，要求吉林省加大信息流通程度，加快企业之间的信息沟通，减少由于信息不对称等情况造成的资源损失，为两业融合发展提供良好的信息环境。

第五章

吉林省先进制造业和现代服务业融合发展存在的问题

从前面的分析来看，吉林省先进制造业与现代服务业融合发展虽有一定进展，但是与全国其他经济较好省份相比成效并不显著，还存在很多阻碍两业融合向纵深发展的问题与因素。

一　两业融合发展深度和创新力不足

一是两业融合发展深度不够。吉林省制造业企业生产大多处于组装加工环节，企业的经营战略以降成本为主导，以价格战为主，未全面实现转型升级和高质量发展，对服务业牵引力不足。吉林省服务业企业还不能满足制造业的转型和升级需求，供需结构不平衡明显，尚未能成为推动制造业转型升级的重要助力。二是企业创新意识薄弱。企业研发动力不足，缺乏自主创新意识，新产品、新技术的研发和推广不够，难以推进产业进行自我创新、自我升级，导致产品核心竞争力较弱，没有形成特色优势，无法占领市场。三是整体创新能力仍然不高。据《中国科技人才发展报告（2020）》的数据，2015～2019 年，吉林省科研人员全时当量的年均增幅为 -3.7%，低于全国平均水平。从科研投入情况看，吉林省创新投入与产出都有所欠缺，企业缺乏科研经费支持，也缺乏足量科研人员支撑，造成企业科研能力不足，对国外先进技术依赖度较高，无法培养自主创新能力，难以推动企业的转型升级。

二 两业融合发展模式有待探索

一是两业融合发展模式单一。吉林省已经存在先进制造业和现代服务业的"点对点""点对群"发展模式，"群对群"发展模式还在探索中。吉林省龙头企业的融合发展缺乏带头模范作用，相关产业同质化程度高，产能过剩现象较为明显，竞争压力大，多元化发展模式还没有形成。现代服务业和先进制造业在供需衔接方面存在缺陷，产业链尚不完整，资源也未实现最大化利用，阻碍两业深度融合。服务业企业同质化现象明显，服务质量不高。二是尚未建立两业融合发展平台。由于现代服务业与先进制造业在协同发展过程中存在信息不对称等情况，造成两业融合存在沟通效率低、资源浪费、产业重复建设等问题。构建信息共享、学习、服务咨询等平台，有助于延伸和完善先进制造业和现代服务业产业链，推动两业融合深度发展。

三 两业融合发展不均衡特点突出

一是区域发展不平衡。从吉林省各城市层面来看，由于地理位置不同、资源优势存在差异，吉林省内区域发展不平衡，无论是城乡之间还是各城市之间，都存在着不平衡的现象。从地区生产总值、就业人员数、财政支出、城市化水平等多个指标来衡量，长春市明显高于其他城市，拥有全省唯一的国家级两业融合试点企业中车长客，中国一汽、长光卫星等其他两业融合开展较好的企业也主要集中在长春市。吉林省进行数字化转型的企业中，长春市的企业占75%；全省高新技术企业有2495家，长春市有2013家，占比80.7%。吉林省各城市的起步基础、发展程度参差不齐，在先进制造业和现代服务业融合发展水平和程度上也存在显著的地区差异，长春两业融合成果很难对较落后城市形成辐射效应和规模效应，各地之间就两业融合发展交流很少，地区之间的协调作用较弱。二是产业发展不均衡。吉林省是我国制造业大省，在石油化工、汽车制造、装备制造等领域处于全国领先地位，虽然近年现代服务业整体发展速度较快，但明显滞后于先进制造业发展水平，仍处于发展的初级阶段，存在增长率不平稳、集约化程度不高、结构比例失衡等各种不足，对先进制造业的支持力薄弱。三是要素供给不均衡。在人才资源上，吉林省重点高校主要集中在长春市和吉林市，其他城市人才培养和供给不足，人才倾向于向长春市或外省流动；在技术资源上，吉林省主要的科技研发与成果转化也多集中在长春市，造成省内技术资源分布失衡；在资金资源上，资金流动趋向于市场活力充沛区域，经济欠发达的市州资金供给不足，阻碍地区两业融合发展。

四 两业融合发展政策激励不足

一是各部门两业融合政策未形成合力。目前吉林省先进制造业和现代服务业融合发展尚处于初步阶段，相关部门对于两业融合发展现状了解不全面，从部门考量出发出台促进两业融合发展的政策，尚未形成系统政策组合。现有政策措施过于笼统，与企业融合发展需求不匹配，难以实现政策效果。二是缺乏完善的人才引进激励政策。在实地调研中，多家企业表示希望政府出台更好的人才政策，以吸引更多高科技人才来吉、留吉工作，补充吉林省高科技人才，解决省内人才不足问题，满足企业对高科技研发人员的需求。但吉林省人才政策在工资福利方面与其他省份相比不具备竞争力，且兑现能力不强，在医疗、配偶安置和子女教育等方面的措施并未落地，未能满足人才需求，也未能为人才搭建高质量发展平台，因此对高质量人才吸引能力较弱。三是缺乏宣传引导。吉林省缺少与两业融合经验丰富地区的学习和交流。企业对两业融合的整体目标不了解或者不明确，缺乏对本地先进企业或外地企业的宣传引导，未形成示范带动作用，造成两业融合发展的整体进度缓慢。四是缺乏配套措施。在推进两业融合发展进程中，配套的融资政策、土地使用政策等未能及时跟进两业融合发展需求，吉林省对融合型企业投资力度较小，资金支持不足，中小型融合企业发展缓慢，不利于扩大规模。吉林省内依然存在行业垄断现象，一些市场准入政策也限制了部分中小微企业进入现代服务业。

五 两业融合发展信息化基础设施建设不完备

信息技术水平对两业融合发展至关重要，信息化程度越高，越能高效带动技术升级，进行高端、智能、绿色发展，实现经济高质量发展。吉林省信息化基础设施建设不完备，网络规模化还有待完成，信息化程度低，5G 网络也未实现全面覆盖。根据 2021 年的《中国区域数字化发展指数报告》对全国 31 个省（区市）数字化发展指数从创新要素投入、数字基础设施、数字经济发展、数字社会建设四个维度进行的测算，吉林省居于倒数第二名，仅高于黑龙江省，处于最末梯队。吉林省目前信息化建设水平还不能满足两业融合快速发展的需求，网络基础设施不够完善，应用平台体系不健全，智能工厂建设受阻，不利于互联网建设与两业深度融合。

第六章

国内先进制造业和现代服务业融合发展经验借鉴

一 代表省份两业融合发展优势及措施

先进制造业和现代服务业融合发展是现代产业演进的客观规律，是推进工业化进程和调整经济结构的重要举措，在两业融合发展的实践探索中，湖北省、江苏省、河南省和浙江省作为两业融合实践的先驱省份，其发展经验具有一定的代表性和可借鉴性。本部分以这四个省份为例，研究其发展现状并总结先进经验，以期为吉林省两业融合发展提供经验借鉴。

（一）湖北省

1. 基本情况

湖北省制造业规模不断扩大①。2016～2019 年，湖北省规

---

① 资料来源：《湖北省制造业发展状况研究报告》。

模以上工业增加值增速始终高于全国平均水平，共建成 4 个国家战略性新兴产业集群、17 个国家新型工业化产业示范基地、2 个全国应急产业示范基地、114 个省级重点成长型产业集群。

湖北省制造业结构持续优化，2020 年全省战略性新兴产业产值达到 2.5 万亿元，"十三五"时期年均增速为 11%，高于 GDP 增速 5.9 个百分点。2020 年湖北省高新技术制造业增加值增长 4.1%，增速快于规模以上工业 10.2 个百分点，占规模以上工业增加值的比重达 10.2%。2020 年湖北省营收过百亿元的工业企业达 26 家，国家制造业单项冠军企业（产品）22 家，省级隐形冠军示范企业 196 家。"十三五"时期，湖北省研究与试验活动经费投入由 561.7 亿元增至 957.88 亿元，科研机构由 2245 家增至 3678 家，区域科技创新能力由全国第 10 位提高到第 8 位。湖北省加快数字基础设施建设，5G 基站达到 3.1 万个。中部唯一的工业互联网标识解析体系国家顶级节点也落户武汉，湖北省的顶级节点标识注册量达到 20.96 亿个。

湖北省服务业规模不断扩大，拉动经济增长作用明显。湖北省服务业占 GDP 比重由 1990 年的 26.9% 提高到 2020 年 40.3%，服务业的快速增长提高了国民经济的整体经济效益和效率，缓解了资金资源供求矛盾，为第一产业的加强和第二产业的优化升级创造了良好环境，促进了国民经济各产业的协调发展，长期以来主要依靠第二产业拉动经济增长的局面正在逐步改变，形成了由第二产业和服务业共同拉动经济增长的格局。

湖北省现代服务业占服务业比重上升，服务业内部结构趋于优化①。湖北省服务业内部结构的变化特点为传统服务业比重下降，现代服务业比重有所上升，服务业内部结构趋于优化。1990~2020年，房地产业增加值占GDP比重从5.1%提高到8.3%；信息传输及计算机服务业增加值占GDP的比重从1.5%提高到5.8%；科技服务、教育、卫生、文化娱乐、新闻出版、广播电视等行业组成的大文化产业增加值占GDP的比重从13.3%增加到20%以上，湖北基本确立了具有一定国际知名度的"楚文化名省"地位。现代服务业吸纳劳动力的功能增强。进入21世纪以来，湖北省服务业特别是现代服务业的快速发展以及服务业领域的进一步拓宽，使其吸纳劳动力的功能得到充分发挥，为湖北省劳动力创造了更多就业机会，对于促进国民经济健康发展，提高人民生活水平，保持社会稳定发挥了十分重要的作用。湖北省先进制造业和现代服务业多年来呈迅速发展的态势，这为湖北省两业融合的发展做了良好的铺垫。

2. 发展优势

湖北省具有较好的工业基础，是全国重要的先进制造业基地之一，推进先进制造业和现代服务业融合发展是湖北实现跨越式发展的现实需要和迫切要求。"十一五"时期，为了实现新型工业化，生产性服务业加快发展，湖北先进制造业与现代服务业初显融合态势。

一是企业内部的融合发展。如中冶南方工程技术公司、武汉凯迪电力工程有限公司等，快速从生产加工环节向自主研发、品牌营销等服务环节延伸。

① 资料来源：《湖北现代服务业发展现状及发展趋势》。

二是产业链的融合发展。湖北省围绕制造业发展，打造武鄂黄（石）冶金建材、武襄十随汽车、武荆（门）宜化工纺织3条生产性服务业功能带，大力集聚研发、物流、信息技术服务等生产性服务业，引导资源要素集聚，带动产业链优化升级。

三是区域间的融合发展。在加快工业化进程时，生产性服务业呈现向武汉、襄阳、宜昌等大城市中心城区集聚和向开发区、工业园区集聚的态势，生产基地向中小城市迁移和扩散，形成了以"两集聚一迁移"为主导的互动模式。

四是全球视野的融合发展。随着经济全球化的不断深入，区域间的分工协作与产业融合日益深化，服务外包产业正在大规模向发展中国家转移。依托武汉"国家服务外包基地城市"和"东湖高新区服务外包基地城市示范区"，湖北将视野扩展到全国乃至全球，进一步推动了湖北生产性服务业与制造业之间的深度融合。

湖北省在"十四五"期间提出了将两业融合工作纳入全省国民经济和社会发展"十四五"规划和全省服务业发展"十四五"规划，在顶层设计层面全力推动融合发展，推出了打造融合发展新态势，积极谋划开展省级两业融合试点工作，制定《湖北省推进先进制造业与现代服务业深度融合试点工作方案》，力争通过3年时间培育5个试点县市区、10个试点园区、50家试点企业。

3. 发展举措

（1）拓展产业转型新空间

在规划中点名拓展产业转型新空间，支持国家级和省级试点县（市、区）、园区结合自身产业特色，搭建产业融合创新升级平台，全方位构建产业生态系统。如十堰经开区发挥东风商用车车辆工厂整车总装集聚优势，打造"科学研究＋应用研发＋人才培养＋风险投资＋创业孵化"全产业链，形成汽车产业生态新闭环。武汉经开区通过智能化生产、柔性化定制、供应链协同等紧密对接生产消费两端，积极推动"汽车＋"产业向生产服务型转变，打造"互联网＋智能家电"智慧家居产业体系，实现区域产业由制造向智造转变。

（2）探索先进制造新模式

推出探索先进制造新模式。先后建成智能制造场景、大物流全程场景、柔性化定制场景、壳体焊接场景、粗精加工标杆制造场景5大场景，实现产品开发周期、产品成本、产品质量、生产效率全面优化，探索形成"先进制造＋智能制造""先进制造＋工业互联网应用""先进制造＋柔性化定制""先进制造＋衍生服务"4种路径模式。

（3）升级现代消费新体验

升级现代消费新体验，联合酷家乐和抖音等网站、软件、直播平台，让客户在网上即可直观感受全屋定制具体方案，实现客户参与设计、协同生产制造的场景互动，增强服务体验，有效提高产品销量。在传统制造业中，以工业旅游为抓手，开发传统工艺、现代工业研学旅行项目，为消费者提供购买产品与景区观光游览等休闲消费体验服务，助推主业品牌、品质稳步发展，探索"智能制造＋工业旅游"新业态新模式。

（二）江苏省

1. 基本情况

江苏省在先进制造业和现代服务业融合方面起步较早。

2019 年 9 月，为贯彻落实中央深改委第十次会议精神和国家发展改革委相关文件精神，江苏省发展改革委组织开展了江苏省先进制造业和现代服务业深度融合试点工作，按照双向融合、特色发展、创新驱动、标杆引领的原则，围绕融合发展的重点领域和关键环节，大力推进两业融合发展试点，积极促进业务关联、链条延伸、技术渗透，推动产业链纵向协同、价值链高端攀升、创新链精准赋能，加快培育融合发展新业态、新模式、新路径，培育形成一批深度融合型企业和区域标杆引领典型，推动两业融合成为江苏省建设具有国际竞争力的先进制造业基地、构建自主可控的现代产业体系、促进经济高质量发展的重要抓手和有效途径。

江苏省根据各地申报确定了 123 家龙头骨干企业、21 家产业集群和 15 家集聚区域作为首批省级试点单位，支持跨业联动，鼓励先行先试，探索推进两业深度融合发展的创新路径、有效机制和政策举措，并取得了较好示范带动效果。江苏省近两年来还争取到常州天宁经济开发区、江苏中天科技股份有限公司等 8 个国家级两业融合试点区域和企业建设任务，数量在全国名列前茅。

2. 发展优势

江苏省拥有科技资源丰富的基础优势，同时不断加大对先进制造业和现代服务业深度融合的人才投入、研发投入和载体平台建设，新动能不断增强。

第一，江苏科技人才优势突出。两业深度融合对人才当量密度和基础科学研究依赖程度较高。实证研究，人力资本不仅对科技创新、技术进步有影响，而且会影响资本的积累。江苏在"双创"引才计划的带动下，各地出现了竞相引才的生动局面。2019年江苏研究与开发机构R&D人员达到29.19万人，在全国排名第三，占全国的6%，而且具有较好的人才结构优势，目前江苏拥有中国科学院和中国工程院院士118人。

第二，R&D经费投入强度大。R&D经费投入强度是反映创新程度的核心指标，根据《2019年中国科技统计年鉴》，2019年江苏R&D经费投入强度高于全国0.56个百分点，低于广东省0.09个百分点，高于浙江省0.11个百分点。资料显示，2019年江苏R&D经费投入强度在全国排名第五，而前四位分别为北京、上海、天津和广东。

第三，集聚创新资源载体扎实。截至2018年底，江苏已建成国家级高新技术特色产业基地160个，国家和省级重点实验室171个，科技服务平台277个，工程技术研究中心3404个，企业院士工作站326个，经国家认定的技术中心117个。2018年，江苏共有50个项目获国家科技奖，获奖总数位列全国第一。根据《2019年中国科技统计年鉴》数据，2019年江苏专利授权总量占全国的12.7%，虽然低于广东省，但是高于浙江省0.9个百分点，上述所有工作都为江苏先进制造业和现代服务业深度融合提供了平台支撑和智力支持。

3. 发展举措

（1）进一步增强两业融合试点实验

重点围绕和依托省级先进制造业集群以及部分服务业制造业领域，组织实施省级两业融合试点工作，支持跨业联动，鼓励先行先试，探索推进两业深度融合发展的创新路径、有效机制和政策举措，推动制造业企业向服务环节延伸、服务业企业向制造领域拓展。针对不同行业、不同区域发展特点，因地制宜，特色发展，促进跨行业、跨区域的要素流动、资源整合、平台共建，强化区域互动合作、产业功能互补，共享两业融合发展成果。重点支持产业链龙头企业、行业骨干企业、专精特新企业、平台型企业等各类融合主体，发挥独特优势，加快探索创新，以两业深度融合推动产业向价值链高端攀升，着力提升产业发展的质量和效益。

（2）培育融合发展新业态、新模式

鼓励制造业企业发展个性化定制、智能制造与运营管理、融资租赁、总集成总承包以及整体解决方案等业务，将价值链由以产品制造为中心向以提供产品、服务和整体解决方案并重转变。鼓励现代服务业企业发挥数据驱动、网络运作、变革重组等方面的优势，发展高端科技服务、工业设计、现代供应链、产品全生命周期管理以及工业互联网服务，不断渗透融入制造环节，加快制造服务业向智能化、产品化、定制化方向发展，推动江苏制造向江苏创造、江苏智造转变。支持制造业企业、互联网企业、信息技术服务企业跨界协作，大力推动共享制造。鼓励龙头骨干企业、行业领军企业牵头组建跨行业、跨领域、跨区域的两业融合发展产业联盟。

（3）探索重点行业重点领域融合发展新路径

推动制造业重点行业和服务业重点领域双向深度融合，探索创新高质量发展新路径。促进新型电力（新能源）装备产业、前沿新材料、海工装备和高技术船舶、高端装备、生物医药和新型医疗器械、集成电路、汽车及零部件（含新能源汽车）等先进制造业与互联网、金融、物流等现代服务业融合发展，加快服务环节补短板、拓空间、提品质、增效益。强化5G、大数据、工业互联网、人工智能等新一代信息技术在两业融合发展中的创新应用，推动技术变革和生产模式、商业模式、组织模式创新，提升产品和服务科技含量。支持制造业绿色化发展，推动新能源生产和使用、绿色低碳技术、节能环保服务等与制造业融合发展。

（4）加快两业融合发展标杆引领典型企业和示范载体建设

以先进制造业集群的龙头企业、智能工厂和领军骨干企业等为重点，鼓励企业抓住产业加速融合、新技术加速应用的发展契机，推动两业融合先行先试，探索可行模式路径，加快延伸、拓展、提升产业链条，引领带动全产业链融合发展协同效能提升，推动行业转型升级发展，形成一批两业融合发展标杆引领典型企业。依托城市辖区（县级行政单位）、开发园区、工业集中区等，建设两业融合发展综合服务功能区和公共服务平台，完善工作机制，促进产业链有效整合，资源要素充分涌流，服务功能精准对接，创建一批特色鲜明、功能显著的两业深度融合示范园区及特色集聚区。实施两业融合品牌发展计划，鼓励先进制造业集群、产业链龙头骨干企业创建两业深度融合知名企业品牌和区域品牌。

（5）优化两业融合发展生态体系

充分发挥市场在资源配置中的决定性作用，进一步降低现代服务业市场准入门槛，简化行政审批流程，建立公平规范的市场准入和退出机制。鼓励有条件的地方因地制宜研究出台支持两业融合发展的政策措施，着力消除税费、融资、制度性交易成本等方面的不合理障碍。适应两业融合发展需要，强化资金、用地、人才、资源等要素及基础设施、配套信息等保障。发挥各级服务业发展专项资金作用，创新支持方式，对两业融合发展标杆引领典型给予相应奖励补助。加强两业融合质量标准建设，积极推进国家级、省级标准化试点项目，完善两业融合标准化服务市场，优化质量监管模式，健全质量信用评价机制。

（6）科学管理精准实施

第一，建立工作机制。建立健全工作机制，建立省级两业融合发展标杆引领典型情况信息库，建立完善两业融合发展统计监测指标体系、绩效评价体系，开展专项调查和评价分析，对省级两业融合发展标杆引领典型发展过程进行全面监测与绩效管理。

第二，确立建设标准。省级两业融合发展标杆引领典型企业应具备以下基本条件：已列入省级两业深度融合试点名单；年营业收入在10亿元以上或在细分行业市场占有率位列全国前5名；两业融合试点成效显著，培育形成鲜明产业融合特征的新业态、新模式，具有典型性、代表性及影响力大等优势和特点。

第三，组织评审确定。江苏省发展改革委分年度制定指标计划，定期组织评审确定。各设区市发改委根据省级两业融合试点单位的融合发展实绩及前期培育情况、工作成效进行综合评价，组织初步遴选，择优推荐试点单位申报江苏省两业融合标杆引领工程。省发改委采取材料审查、专家评审、现场察看、社会公示等步骤程序，择优遴选省级两业融合发展标杆引领典型单位，并予以正式授牌。

第四，加强监督管理。江苏省发展改革委对省级两业融合发展标杆引领典型单位实施动态管理，组织开展绩效评价，强化评价结果运用，对两业融合发展成效显著、具有新业态新模式、示范带动作用明显的标杆引领典型单位予以表彰，对评价排名靠后，不能按时落实整改要求、不满足标准的予以摘牌。

（三）河南省

1. 基本情况

经过改革开放 40 余年的发展，河南省先进制造业的发展取得了巨大成就，制造业成为推动河南省经济社会发展的重要动力因素，但是当前国内制造业生产成本居高不下，叠加国内经济结构、产业结构调整和国内外经济贸易环境的变化，河南省制造业特别是先进制造业正面临转型升级、结构调整的发展"阵痛"。

从河南省统计局发布的数据来看，2019 年河南省第三产业增加值约为 2.6 万亿元，增长 7.4%，第二产业增加值约为 2.3 万亿元，增长 7.5%；2020 年第三产业增加值为 26768.0 亿元，增长 1.6%，第二产业增加值为 22875.3 亿元，增长 0.7%。河南省近 11 年的统计数据表明，第三产业的增加值超过了第二产业、第一产业，第三产业成为河南省第一大产业。制造业与服务业之间的关系，尤其是两业深度融合发展关系，已经成为河南省建设新经济体系、实现转型发展的时代新课题。

2. 发展优势

第一，河南省已经完成产业发展转变，处于工业化中后期发展阶段。改革开放之初，河南省工业生产总值仅为 59.2 亿元，到 2020 年河南省工业生产总值约为 2.29 万亿元，增长近 390 倍。多年来，河南省 GDP 总量一直居全国第五位，在中西部各省份中，河南省工业经济总量稳居第一，目前处在工业化中后期发展阶段。河南省工业体系比较完整，拥有全部工业门类中的 40 个，2016 年统计数据显示，河南的装备制造业和食品工业年主营业务收入均超万亿元，成为带动河南省经济健康发展和动能转化的领跑力量。在这两个万亿元级产业集群的带动下，河南省经济运行总体平稳、动能转化步伐加快，另有 19 个千亿元级制造业集群也迅速壮大。

目前，河南省工业发展体系有四个特点。一是重点发展主导产业。河南省要发展壮大装备制造业、汽车工业、食品工业、新型材料、电子制造等主导产业。二是改造提升传统产业。冶金、建材、化工、轻纺等是河南省典型的传统产业，但传统产业不等于落后产业。传统产业嫁接新的技术、新的商业模式也能焕发生机。三是前瞻发展新兴产业。新兴产业代表新一轮科技革命和产业变革方向，最具活力和增长潜力。近年来，河南省正在建立以智能制造装备、生物医药、节能环保和新能源装备、新一代信息技术四大战略性新兴产业为先导的现代工业体系。四是积极发展生产性服务业。生产性服务业具有专业性强、创新活跃、产业融合度高等特点，对于提高制造业附加值和市场竞争力具有重要意义。

第二，河南省主动适应经济全球化，积极融入国际分工体系。近年来，河南省大力主动作为。一方面，承接国外发达地区的产业转移，积极参与"引进来"和"走出去"，培育发展新动力；另一方面，支持河南省重点企业，如郑州宇通客车股份有限公司（以下简称"宇通客车"）、中信重工机械股份有限公司（以下简称"中信重机"）、河南平高电气股份有限公司（以下简称"平高电气"）、许继集团有限公司（以下简称"许继电气"）、河南森源集团有限公司等积极参与国内外合作，开拓国内外市场，河南制造正满怀信心走出国门，通达世界。

第三，河南省工业经济发展目标定位清晰。近年来，河南省加快了制造业结构调整和转型升级步伐，先后出台《河南省深化制造业与互联网融合发展实施方案》《河南省智能制造和工业互联网发展三年行动计划（2018—2020 年）》等重要文件，重点打造数控机床、工业机器人、新能源汽车、新型材料等主导产业，同时加快培育新兴产业，积极改造传统产业，针对新能源、智能网联汽车、人工智能、信息技术等新兴产业制定专项行动计划方案，推动经济不断转型升级，形成良性发展。

第四，竞争力不断增强，打造了一批在国际国内有影响的品牌。在创新发展、调整结构、转型升级的引领下，河南省在诸多高端制造业领域居于国际领先地位，河南省成为全国甚至世界生产基地，如宇通客车、许继电气、中国一拖、中信重机、风神轮胎等先进制造业企业。2020 年中国民营企业 500 强中有 15 家豫籍企业，2020 年中国企业 500 强排行榜中 10 家豫企入围，2021 年《财富》发布了最新的世界 500 强，河南省有 1 家企业入围，河南省品牌影响力正在逐步提高。

第五，河南省现代服务业发展初具规模。近年来，河南省现代服务业发展循序渐进、不断丰富，现代服务业发展较为迅猛。交通运输仓储业、电子商务、批发零售、金融业、商务服

务业、信息科技等在全国处于领先地位。现代服务业增加值由
1000 亿元增长到 2000 亿元用了 8 年时间（1996～2003 年），
从 2000 亿元增长到 3000 亿元仅用 3 年（2003～2005 年），
2005 年现代服务业增加值突破 3000 亿元，达到 3181.27 亿元，
居全国第八位，比上年增长 12.8%。截至 2020 年，河南省第三
产业增加值为 26768.01 亿元，对 GDP 增长的贡献率为 48.7%，
高于河南省工业增加值的贡献率 7.1 个百分点。

3. 发展措施

（1）以经济开发区推动两业融合发展

河南省以郑州经开区先进制造业和现代服务业融合发展试
点为契机，瞄准高端化、智能化、服务化、绿色化发展方向，
充分利用"开放＋枢纽＋融合"叠加优势，全力打造以汽车
及零部件、高端装备制造、现代物流三大主导产业为主体，
以人工智能、未来网络、绿色技术三大未来产业为支撑的主
导产业新体系，推动形成了一批具有国际领先水平和区域辐
射带动力的现代产业集群，为郑州经开区经济高质量发展提
供新的支撑①。

郑州经开区坚持以创新驱动为引领，以新型工业化为主
导，推进先进制造业和现代服务业深度融合，将生产性服务业
嵌入制造环节，提高要素资源的配置效率和利用效率，有效破
解低端无效供给过剩和高端有效供给不足的矛盾，更好地改善
供给体系质量和效益，进一步畅通当地经济循环体系，培育新

---

① 国家发改委产业司. 郑州经开区借两业融合东风推动经济高质量发展［Z/OL］.
2020－10－19［2023－08－22］. https：//www. ndrc. gov. cn/fggz/cyfz/fwyfz/202010/
t20201019_1248386_ ext. html.

的经济增长点，推动供给侧结构性改革和经济高质量发展。

（2）政府部门推动两业融合发展

第一，鼓励地方在落实国家《关于推动先进制造业和现代服务业深度融合发展的实施意见》中关于供地方式、产业用地模式、宗地合并分割、容积率调整、规划许可等方面的措施时进行探索创新。

第二，鼓励金融机构提供中长期融资、并购贷款、供应链金融等服务，支持企业上市融资和发行债券、非金融企业债务融资工具，扩大知识产权质押融资规模。

第三，省级战略性新兴产业发展专项资金重点以奖励的形式向试点企业倾斜，用于项目建设资金补助和业务创新、人员培训等经费补贴。

第四，根据国家发展改革委相关工作安排，积极支持经验做法独特的省级优秀试点企业申报国家级相关试点，并享受国家的相关优惠政策。

第五，当地政府要进一步优化发展环境，推动各职能部门在行政审批、用电用气用水价格、人力资源、项目建设要素保障等方面出台优惠政策。

（四）浙江省

1. 基本情况

2011年浙江省GDP达到32000亿元，按可比价格计算，比上年增长9.0%。三次产业结构为4.9：51.3：43.8，第三产业占比继续扩大。2011年规模以上工业增加值达到10878亿元，比上年增长9.6%，新产品产值和高新技术产业增加值持续增长。2011 年浙江省信息化进程实现新突破，信息产业优势逐步形成，龙头企业引导作用明显，全省电子信息产业规模以上企业增加值达到 1014.4 亿元，突破千亿元大关，同比增长 13.2%，占 GDP 的 3.1%。信息技术服务业发展迅速，成为改造提升传统产业、培育发展新兴产业的战略重点。2011 年，浙江省成立企业信息化促进会，搭建服务平台，推动"两化融合"。

先进制造业与现代服务业的深度融合为浙江省发展带来新机遇。浙江省在《浙江省推动先进制造业和现代服务业深度融合发展的实施意见》中提出要充分发挥本省数字经济发展优势，推动先进制造业和现代服务业双向深度融合，着力打造全国两业融合发展引领区；到 2022 年，在浙江省培育形成 50 个以上两业融合试点区域，100 家以上两业融合试点企业；到 2025 年，两业融合成为培育经济新动能和推动制造业高质量发展的重要支撑。浙江省两业融合工作走在全国前列。

浙江省两业融合瞄准了石油化工、汽车制造、生命健康、装备制造、消费电子、轻纺工业、农副产品、现代物流、电子商务、科技创新十大领域，同时支持鼓励各类市场主体在其他先进制造业与现代服务业融合发展领域积极创新发展。在两业融合路径方面，浙江省两业融合的《实施意见》凝练提出了数字化、柔性化、集成化、共享化、平台化"五化"融合路径。

两业融合试点建设将创新实行创优制，将更加注重发挥第三方机构的作用，更加注重对试点的培育服务，通过建立政府、市场和社会"三联动"试点培育机制，着力为两业融合试点单位提供"最先一公里"专业化咨询服务。

2. 发展优势

第一，领先的发展理念。长期的商业发展积淀使浙江省无论是政府还是企业都有着先进的发展理念和对经济环境变化的敏感度。得益于浓厚的商业氛围，浙江省的经济发展理念始终对标国际一流，总是能在国际发展趋势和省内实际需求中探寻适合的发展模式，因此，浙江省经济常年保持稳定增长。政府公务人员对政策助力商业发展的认知和理解始终能够与市场和经济发展形成良好互动和协同，总是能够在感知到变化后及时调整政策，或是快速创新，确保政策对经济形势的变化做出快速、高效、精准的回应，实现"1+1>2"的成效。

第二，良好的营商环境。在最新的全国31个省（区市）营商环境排名中，浙江省排第三位。作为外向型经济和民营经济强省，浙江省政府全面对标营商环境评价指标，多路径、全方位、深层次助力营商环境优化，为打造办事效率最高、投资环境最优、群众和企业获得感最强的省份提供了强有力的保障。"政务服务2.0"建设中浙江省推进"证照分离"改革试点全覆盖，深化企业全生命周期"一件事"全流程"最多跑一次"改革，推进机关内部90%以上非涉密事项实现"一窗受理、一网通办"。持续优化项目投资环境、市场准入环境和人才引进环境，切实打破各种制约民营经济发展的瓶颈，让民营企业享受平等待遇，营造更加公平、更加有效、更加安全的市场环境。

第三，扎实的产业基础。浙江省抓住机遇加快发展，坚定不移地发展中国特色社会主义市场经济，经济建设取得巨大成就，实现了从经济小省到经济大省的历史转变。特别是改革开放以来，浙江省先是凭借体制创新的先发优势，实现了从农业主导经济向工业主导经济的转变，成为全国发展速度最快的地区之一。随后在改革发展的关键时期,浙江省以"八八战略"为总纲,适应经济发展新常态,率先推进经济转型升级和高质量发展,成功实现从传统的工业化经济向现代服务型、创新型数字经济的转变,实现从粗放型增长向高质量发展的迈进。

第四,充足的人力资源。雄厚的经济实力带来的是对教育的高额持续投入和对外部人才的持续引进。良好的政策条件和高度重视教育双管齐下,人才外招内培始终保持人才"薪火永传",出台和落实"人才生态37条",举办高层次人才云聘会,发布全球引才宣传片,开展领军型创新创业团队云评审,启动云上"创客天下·杭向未来——2020杭州海外高层次人才创新创业大赛"等引才活动,未来浙江省的人才机制必会对浙江省两业融合发展起到更有力的支撑。

3. 发展措施

浙江省促进两业融合发展采用了以下几种发展措施。

(1)推进数字化转型改造升级

加快推行先进制造业与现代服务业融合发展,推动新一代信息技术与制造业融合发展,提升全流程数字化生产水平,促进企业从研发、制造到销售全产业链的数字化升级,加快推动全产业链的转型换代。

(2)推进柔性化改造

采用体验交互或互动、在线设计等方法,增强定制设计能力,提升定制设计水平,推动"5G+"互联网平台建设,以达成高效个性化的定制服务,通过多渠道采集对接用户个性化需求,推动以贸促工的融合新模式展开。

（3）推进集成化发展

提高装备制造和服务集成化融合水平，给领域骨干龙头企业或产业园区提供支持，包括设计、制造、施工等从产品制造的资源整合、产业链条延伸，发展咨询设计到制造采购、供应链管理、施工安装、系统集成、运维管理等一揽子服务。同时引导企业提供远程运维、状态预警、故障诊断等在线业务。

（4）推动资源共享

提倡并鼓励资源富集企业依托工业互联网平台开展对专业生产设备、工具、生产线等制造资源的协作共享，如医疗领域、装备制造、汽车产业的资源共享，以期实现行业整体产业链的柔性配置和高效协同。

（5）鼓励产业平台化

大力发挥龙头企业的带动作用，以龙头企业带动产业链上下游环节整合发展；通过委托制造、品牌授权等方式鼓励平台型服务业企业向制造业拓展。

（五）代表省份两业融合先进经验总结

1. 注重两业融合试点工作

各省在两业融合工作中都积极主动对接国家试点，树立技术、模式、机制新标杆。湖北省积极主动对接国家两业融合试点，先后两批次组织 5 个开发区和 11 家企业申报国家两业融合试点单位。河南省积极制定促进两业深度融合的实施方案，确定郑州宇通客车股份有限公司等 15 家企业、郑州经济技术开发区等 12 个园区和宝丰县等 3 个区域为河南省第一批两业融合试点单位，以点带面，循序推进，促进两业融合企业实现高质量发展。江苏省自 2019 年以来率先启动两业深度融合试点工作，先后遴选两批总计 247 家企业、21 个产业集群和 43 个集聚区域作为江苏省两业深度融合试点单位，鼓励先行先试两业深度融合发展的创新路径、有效机制和政策举措。

2. 加快培育两业融合主体

各省市在两业融合发展过程中，集中突出发展两业融合主体，形成以点带面、上下游企业联通融合的发展局势。湖北省聚焦市场主体培育，加快形成一批引领带动作用强的融合型载体，以试点企业为突破口，着力培育一批产业链控制力强的龙头企业、链主型企业、行业骨干企业，带动上下游企业分工协作、联动融通。浙江省激活各类主体参与两业融合的动力，支持多形式的两业融合试点建设，营造适宜两业融合发展的环境，培育一批示范带动性强的两业融合试点区域和企业，形成一批融合发展的典型经验模式，提出了优化市场环境、强化用地保障、加大金融财政支持、创新数据使用和安全保障四项政策。江苏省充分发挥龙头骨干企业、优势产业集群和具有融合发展基础的市辖区、开发园区等多元化主体作用，加速生产性服务业嵌入先进制造业生产环节的进程，加快促进产业向高端化、高质化和高效化转型，推动优势产业延链强链，切实保障产业链供应链安全，提升产业链供应链的稳定性和竞争力，增强链主型企业产业链生态主导能力，鼓励制造业企业由以产品制造为中心转向以提供产品、服务和整体解决方案并重。

3. 以制度为依托完善配套措施

各省市积极主动推出相应的配套措施，支持区域内产业向两业融合方向迈进。湖北省在顶层设计方面，将两业融合工作纳入全省总体规划，作为重要内容，以两业融合推进产业转型升级，不断增强服务业驱动能力。在操作层面，先后下发两业融合试点实施方案，以示范试点引领全省两业融合持续发力。在保障措施方面，充分利用省服务业发展引导资金和省预算内资金。在政策储备方面，积极贯彻落实国家发改委等发布的实施意见。以制度保障为依托，提高企业服务效能。江苏省突出上下联动，提升协同服务能力，开展"送政策、促融合、抓落实"系列现场推进活动，对省内各级发展改革部门进行专项政策宣贯，支持无锡、常州、南通、扬州、宿迁等设区市配套开展市级试点。同时，加大项目支持，发挥示范带动效应。加强重点领域和关键环节优质项目培育，为两业融合注入资金"活水"。最后，优化要素供给，完善政策保障措施，实施精准高效的要素保障，有效增强两业融合发展活力和动力。浙江省完善配套举措，强化组织领导，强化两业融合顶层设计，建立省级两业融合工作专班，统筹推动全省两业融合发展工作，形成高效协同的工作推进机制，开展试点创建并且打造具有浙江省特色的两业融合示范点，同时开展两业融合统计监测体系研究，探索建立关键指标统计监测标准和体系。

4. 注重人才培养输送

人才是推动两业融合发展的积极因素。河南省鼓励企业自主研发和科技创新，加大政府科技研发投入，建立企业与高校的人才培养机制，推动制造业企业合并重组及产业结构调整。依托省内外现有高等院校、科研院所和各种社会机构教育资源，合理设置制造业、服务业相关专业学科教育，发展各种类型、各个层次的两业融合专业教育，增设紧缺专业，积极培养人才；构建面向两业融合发展的人才培养体系，积极探索实施"互联网＋产业融合人才"专项工程，积极加快两业融合各个层次人才的培养。同时，优化人才支撑，改革完善人才管理评价制度，探索建立两业融合复合型人才评价和职业发展通道体系。

二　吉林省内经典案例

（一）中车长客

1. 企业基本情况

中车长客是我国知名的轨道客车研发、制造、检修及出口基地，是中国地铁、动车组的摇篮。近年来，随着我国轨道交通行业的快速发展，中车长客实现了技术升级和产品更新换代，经营业绩连年跨上新台阶，每年营业收入均在300亿元以上，品牌效应和社会影响力也不断提升。为适应国家中长期科学技术发展的要求，切实完成高速动车组的技术引进、消化吸收、自主创新及国产化工作，满足市场需要，推动地方经济发展，中国北车集团公司与长春市政府签订了共建长春轨道交通装备产业园的战略合作备忘录，在长春市绿园经济开发区建设高速列车制造基地。高速列车制造基地占地约160万平方米，建筑面积为86.6万平方米，建有高速动车组生产线、国家工程实验室和试验线。2010年5月，一期工程建成并投入使用。由此，公司的生产规模、产品质量、研发试验能力达到世界一流水平，并形成年产铁路客车500辆、高速动车组1000辆和城轨列车 1200 辆的生产能力。

在前进发展的道路上，中车长客转型升级成效明显。建成一体化技术创新平台，自主研发全球首辆全碳纤维复合材料地铁车体，时速 350 公里的中国标准动车组转向架获得欧盟认证，时速 400 公里跨国互联互通高速动车组下线，海外销售收入达 20 亿元。中车长客顺利通过国家"两化融合"管理体系认证，旗下研奥电气在创业板成功上市，实现全区 A 股上市企业零的突破。展望未来，根据新的市场需求和发展战略，中车长客正在实施和构建高速动车组、城轨列车、转向架三大业务板块，打造高速动车组、城轨列车、普通铁路客车、转向架四个专业化制造基地。随着四大基地制造能力的逐步提升，中车长客的核心竞争力和经营业绩都将实现新的跨越，也将为中国乃至世界的轨道客车事业发展做出新的更大的贡献。

2. 推动两业融合发展的主要做法

为了实现企业向全面化、数字化转型，推进企业向"制造 + 服务"模式转变，推进企业两业融合的发展态势，中车长客提出了研发、运用、维护、优化的全生命周期管理方案，满足轨道交通行业客户的"产品 + 运维服务"需求，同时也在两业融合发展的道路上迈出了坚实的一步。

第一，加强产品全生命周期管理。公司从打通产品全生命周期数据流及提升数据决策价值的角度出发，梳理产品在研发、新造、售后、运维、检修、质量、成本等全生命周期各个领域的需求，编制并完善业务需求方案，绘制数据逻辑图，建立产品技术状态管理体系，以物料清单（BOM）作为产品数据源头，形成"一车一档"的单车技术状态追踪档案。通过反复实验和试点运行，提升产品全生命周期服务的业务管理能力、数据应用能力和数据管理模型。产品研发模式也由传统的以BOM为主导向数字化、智慧化转变。

第二，支撑服务业务转型，建设SMART平台。为满足公司从传统的制造型企业向"制造+服务"型企业转型的需求，开展了以售后、运维及高级维修为核心业务的检修系统信息化平台建设工作。此平台通过对计划、物资、配件、质量、成本、检修等业务进行全面深入的数据收集和调研，完成服务业务规划，形成相应的数字化解决方案，统一售后业务管控模式，明确"售后—运维—高级维修"业务的整体脉络，形成了公司检修运维业务的业务连通、管理畅通和数据贯通，为公司全生命周期数据贯通在检修业务的落地奠定了基础，也初步实现了公司检修业务数字化的目标。通过数据积累，为检修车辆预测、配件需求预测、缩短检修周期、降低检修成本、分析检修人员能力提供数据支撑，预计生产效率将提升3%，质量履历无纸化率将达到90%，大大提升了企业的运营效率。

第三，开展数据分析工作，进行平台优化建设。企业在原有平台基础上对产品健康管理（PHM）系统进行以数据建模和驾驶舱为主的优化项目，共计完成69个重要功能点、预测模型及第三方模型可视化展示需求优化，满足了多种数据融合建模和展现能力的要求。完善优化后的PHM系统以崭新的面貌展现动车组的安全运营中心、事件监控中心、数据分析中心、服务支持中心4个业务板块，通过数据统计分析，以图表的方式直观展现，有助于直观地掌握车辆/车型的关键信息，并了解车辆/车型的宏观指标状况，成为动车组的数据运营大脑，为动车组安全可靠运营构筑了一道屏障，同时也升级了售后服务部门，为客户提供更加便捷高效的售后服务。

第四，构建自主知识产权平台，提升既有设备的能力。通过转向架总成二车间数字化产线项目的建设，公司发挥自主创新能力，突破设备原厂商技术封锁，破解了总成二车间全部设备 PIC 控制系统，并通过自主研发集设备数据采集和能耗采集于一体的智能网关产品（已开始申请专利），为公司构建了一套完整的全自主知识产权 IOT 平台（已着手申请软件著作权）。应用 IOT 平台将实现公司既有设备与制造运营系统联网，提升老旧设备的再制造能力，为公司后续打造数字化产线，实现智能制造提供技术支撑和能力保障。

第五，推进数据业务化进程，开展大数据分析平台建设。构建大数据分析平台，集成产品数据和经营数据。建立产品数据逻辑模型，实现产品数据的"正向追溯"和"反向追溯"等多维度追溯技术状态信息的展现需求。构建经营指标数据分析模型，对于具备数据基础的业务，如研发、物资、生产、质量等开展指标分析工作，通过库存资金分析，极大程度降低库存资金占用；通过生产进度、异常、委外、配送等分析，提升生产效率；通过对工程变更数据的监控，从责任单位、变更分类、变更影响等维度对变更进行统计分析，降低变更频次。通过数据分析，使运营结果"现状可见，问题可察，责任可辨"，利用分析结果可发现业务和管理模式的改善机会，实现数据对业务的反哺，从而不断推动"一切数据业务化"进程，促进企业经营管理从主观经验驱动到理性数据驱动的转变。

第六，企业实施了融合发展计划。推动产业向高端化、智能化、绿色化、数字化发展，鼓励数字化商业服务业为轨道交通企业提供工业云等数字化、信息化服务；大力发展数控机床、工业机器人等智能制造装备产业，加快智能制造装备和产品在生产过程的全流程应用，鼓励重点企业建设数字化车间/工厂、绿色工厂，全面提升企业智能化、绿色化水平；大力发展服务型制造业，鼓励制造业企业增加服务环节投入，由提供产品向提供整体解决方案转变。

（二）中国一汽

1. 企业基本情况

汽车产业是我国的重要产业，汽车全产业链从业人员数约5200万人，占全国城镇就业人员数的 12% 左右。汽车产业资本、技术、人才、信息高度密集，关联性强，带动作用大，是先进制造业和现代服务业深度融合的主战场之一。中国一汽作为国家龙头汽车企业，自主品牌研发投入收入占比达 5.6%，其中 2021 年红旗品牌研发投入收入占比达到 12.3%；累计攻克新能源、智能网联、节能动力、先进底盘、新材料、数智化等领域关键核心技术 328 项；申请专利 11192 件，其中发明专利 5587 件；牵头和参与制修订国家及行业标准 229 项；荣获国家级、省部级、行业级等科技奖项 39 项。红旗品牌销量 4 年增长 63 倍，增速位列高端品牌第一位；解放品牌实现中重卡销量全球五连冠、重卡销量全球六连冠；中国一汽、红旗、解放品牌价值分别位列国内汽车企业、乘用车、商用车第一位。中国一汽始终以加速突破关键核心技术和"卡脖子"技术，树立民族汽车品牌，打造世界一流汽车企业，开创新时代汽车产业创新发展新道路为己任，助力发展壮大中国汽车产业。结合两业融合背景，中国一汽呈现了不一样的发展现状。

随着智能互联、云计算等信息技术的广泛使用，汽车正由单一交通工具向智能移动服务生活空间转变。用户体验不断升级，"万物互联、聚合平台、实时体验、消创融合"等消费特征在汽车产业中体现得淋漓尽致，汽车共享、汽车文创、汽车小镇等业态迅速发展和成长，推动用户体验由功能性向专属性、生态性、文化性等多极转变。汽车制造与智能、物联实现深度融合，整车生产由大规模、标准化向柔性定制、高效智能和绿色环保转变。汽车企业加速由传统汽车制造商向移动出行服务商和数据管理商转变，市场竞争由拼抢整车销量向争夺用户流量转变。在两业融合大背景下，中国一汽将积极把握产业转型大势，抢抓智能化、体验化、共享化等发展机遇，致力于为用户提供更优质的产品、更愉悦的服务和更美妙的体验，加速向建设世界一流移动出行服务提供商的目标迈进。

2. 推动两业融合发展的主要做法

第一，坚定创新驱动发展的决策部署，持续发挥企业高质量发展新优势。坚持战略引领，把握科技创新方向，持续优化顶层设计，实施技术升级发展战略，以打造世界一流技术为目标，以新能源、智能汽车为重点，围绕电动化、智能网联化等8个技术领域群，聚焦41个重点技术方向，集聚优质资源，打造多维创新生态。一是优化研发布局，以长春为研发总部，打造北京、德国慕尼黑等12个创新研发中心，形成"1 + 12 + X"全球化研发布局，实现全球创新资源的实时共享、同步开发。二是深化政企合作，与地方政府建立政企合作机制，设立专项资金，支持中国一汽自主创新重大科技专项。三是强化协同创新，与东风等合作建立 38 个协同创新实验室和 5 个基础研究实验室。

第二，深化机制改革，激发创新动力活力。一是推进揭榜挂帅机制落地，实施市场化选聘项目负责人、工资总额包干等举措，赋予科技人员更多自主权，让更多优秀人才脱颖而出，打造百名以上战略领军人才队伍，造就千名一流科技人才队伍，培养万名卓越工程师人才队伍，发挥人才优势，强化创新智力支撑。二是加快产品项目 CEO 制变革，授予 CEO 更大的人、财、业务决策权力。三是强化赛马机制应用，多要素组合评价，以能力定去留，发挥优胜劣汰的激励约束作用，激发研发技术人员创新创造热情。同时中国一汽坚持创新驱动发展，持续加大研发投入强度，技术创新和产品创新成果不断涌现，布局了一系列新型零部件，加强在新能源智能汽车产业链、供应链端的布局，陆续成立了动力和电驱等合资公司，同时在芯片领域加大投资和研发力度，增强对关键资源的掌控力度，提高产业链、供应链的稳定性和国际竞争力。

第三，开发重点技术领域，突破关键核心技术。在新能源、智能网联等重点技术领域，取得了近百项关键核心技术，申请专利上万件，专利授权量近两年排名行业第一。聚焦投放了一批明星爆款产品，在科技创新的强大驱动下，近年来红旗品牌投放 8 款车型，有力支撑了红旗品牌跃迁式发展，2021 年销量突破 30 万辆，解放品牌实现重卡销量全球六连冠，奔腾品牌投放全新产品，推动产品造型、体验换代升级。企业整体经营质量显著提升，持续巩固、拓展飞速发展态势。

第四，重视与政府间的交流与合作。中国一汽与吉林省委、省政府展开深入交流，创新新能源场景营销，聚焦重点城市，着力发展网约、出租、公务三大市场，以示范运营效应带动社会化销售。长春市作为新能源汽车换电模式应用试点城市先行示范，2021 年完成首批车辆上线运营，启动 40 余座换电站建设，各项工作运行稳定。2022 年参照"旗 E 春城"模式和经验，以市州为单位在全省范围内复制，重点推动吉林省政府年度推广支持政策发布，推动项目落地过程中各项需省市政府支持的事项得到解决。

（三）长光卫星

1. 企业基本情况

长光卫星成立于 2014 年 12 月，是由中国科学院长春光学精密机械与物理研究所、吉林省政府以及社会资本组建而成，总注册资本为 19.7 亿元，是我国第一家商业遥感卫星公司。公司依托"星载一体化""机载一体化"等关键核心技术，已发展成为我国唯一的卫星研发、生产、发射、运营、应用全产业链运行的商业公司。在商业模式上，公司以市场为导向，坚持高端装备制造与信息技术服务融合发展的业务模式，逐步形成了涵盖卫星及无人机遥感信息服务、整星、整机、零部组件、配套设备及应用系统等的业务内容。公司现有员工 500 余人，硕士及以上人员占比 82%。2015 年 10 月 7 日，由长光卫星自主研制的"吉林一号"卫星星座的首批卫星以"一箭四星"的形式在中国酒泉卫星发射中心成功发射。"吉林一号"卫星是我国第一颗自主研发的商用高分辨率遥感卫星、我国第一颗以一个省的名义冠名发射的自主研发卫星、我国第一颗自主研发的"星载一体化"商用卫星、我国第一颗自主研发的米级高清动态视频卫星，也是我国第一次以灵巧方式在轨成功成像、国产 CMOS 第一次在轨技术验证，标志着我国航天遥感应用领域商业化、产业化发展迈出了重要一步。通过不懈努力，公司构建了以卫星、无人机系统及其部组件研发、载荷系统研发，卫星、无人机地面系统开发、建设以及卫星、无人机遥感信息服务为主的"天空地"一体化产品体系。通过统筹用户需求，长光卫星先后向政府、学校、企业及社会大众提供了高效、高质量的遥感信息服务，公司数据服务能力广受用户好评，推动了我国商业航天的发展。

2. 推动两业融合发展的主要做法

第一，长光卫星坚持创新驱动发展战略，鼓励、引导职工开展基础性、战略性研究。长光卫星走出了一条卫星制造业与信息技术服务业融合发展的道路。

第二，在卫星研制方面，代表着公司第三代卫星技术的高分 03 系列卫星（1m 分辨率、17km 幅宽、重量仅 40kg）实现定型、量产，2022 年 8 月"吉林一号"在轨卫星数量快速增至 70 颗，公司具备年产 100 颗卫星的能力，拉开了"吉林一号"卫星星座高速组网的序幕，预计 2023 年底在轨 140 颗卫星，2025 年底在轨 300 颗卫星。

第三，在信息产品开发及服务方面，公司依托更新速度快、图像质量高、覆盖面积广的全球一张图，以市场为导向，先后形成了环保、应急、农林等领域 8 类专题产品，开发了"吉林一号"数据接引系统、"吉林一号"预处理与分析一体机、"全球重要目标服务平台"等 4 类平台产品，陆续为科技部、交通部、公安部、自然资源部等 8 个部委和 31 个省份的 300 余家用户提供了高质量的遥感信息服务，2021 年公司主营业务合同额突破 8 亿元，公司的卫星研制以及应用开发能力受到行业认可，2022 年 3 月正式开始上市辅导备案进程。此外，2020 年长光卫星完成 24.64 亿元融资，创造中国商业航天融资新纪录，成为吉林省首个"独角兽"企业，步入了全国专精特新企业行列，驶入发展的快车道。

（四）东北袜业纺织工业园

1. 园区基本情况

东北袜业纺织工业园（以下简称"东北袜业"）于 2005 年 8 月投资建设，占地面积 100 万平方米，已建设厂房和附属设施 145 万平方米，入园企业达 1210 户，以生产型企业和链条企业为主。东北袜业已经形成织造、缝头、染整、设备及配件维修、原材料、包装物、物流、生活服务等完整的产业链条。东北袜业致力于打造全世界最大的棉袜外贸、超市加工区，全球最大的棉袜生产加工基地。东北袜业采用"1 + 10 + N"和"平台 + 服务、基地 + 市场、链条 + 品牌"的运行模式，拥有袜机设备 4 万台（套），其中进口袜机设备 1 万台，国产袜机设备 3 万台，产能达到 35 亿双，全年用电量 2.2 亿度，是吉林省知名企业、驰名企业的集聚地和中小企业集群地，直接和间接创造了 4.5 万个就业岗位。

由于东北袜业的迅速崛起，辽源市被中国纺织工业协会和中国针织工业协会命名为"中国袜业名城"；东北袜业被中国中小企业协会命名为"最具自主创新能力企业";被省政府确认为"'十一五'重点项目""吉林省特色工业园区""大学生创业孵化基地",棉袜已经成为吉林省的标志性产品,袜业也成为辽源市的标志性产业。

2. 推动两业融合发展的主要做法

第一,采用"平台(硬件)+服务(软件)"的运营模式。从建园开始,东北袜业就以"系统工业服务商"为企业定位,以搭建平台为主,建立八大服务平台,即金融担保、人力培训、研发检测、数据信息、品牌渠道、电子商务、物业物流、袜机设备,以提供全方面创业就业服务,已建成集织造、印染、设备、原料、物流等生产要素和污水处理厂、自备电厂等的各项配套要素齐全、产业链功能完备的集聚工业园区,使传统的纺织袜业获得了新生。东北袜业实现了 10 万双以内订单从询单、打样、接单、原料、生产只需 3 天,满足了市场的快速要求,使工厂能够快速反应直供线上线下渠道。

第二,打造"大销售、云平台"。东北袜业以袜业产业集聚区的代表性优势对接各大电商平台,获得开店、流量、推广、培训等多方位的平台服务,目前在各大电商平台已开设店铺 4842 家,已有直播间 500 余个,从业人员超千人。在 2021 年国家电子商务示范基地评价中,被国家商务部增补为国家电子商务示范基地。通过电子商务,东北袜业形成七天供应链,快速反应,七天实现产品由生产到直接入库,保证 B2B、B2C 的快速响应模式。

第三,加快研发设计与数字化管理。东北袜业依托吉林省袜业产生技术创新中心,园区企业共有知识产权 725 项,其中发明专利 11 项、实用新型专利 81 项、外观专利及软件著作权专利 633 项。获得吉林省科技进步奖 6 项、吉林省专利奖 2 项，专利成果转化后销售收入超过 50 亿元。培育高新技术企业 4 户、省级"小巨人"科技企业 8 户。同时，为了加快转型，东北袜业规划建设了辽源市东北袜业园 5G 智能制造智慧工厂，通过 5G、大数据、物联网等技术，实现"人机互联、机机互联、人人互联"的 IOT（物联网）平台模式，与中国电信集团等单位合作，在硬件上配备行业最先进的自动缝头一体袜机，及自动化传输设备，较传统袜厂可提升 33% 的效率，较传统手工对目缝头减少 45% 的用工。在软件上量身打造了数字中台，实现了研发、订单、排产、生产、物流的全流程数字化管理。

（五）越达科技产业园

1. 园区基本情况

越达科技产业园（以下简称"越达科技"）规划建筑面积约 20 万平方米，规划建设 25 栋标准厂房和 4 栋科技研发大厦，集高品质商务写字楼、独栋产研基地于一体，满足企业"一站式"产学研办发展需求。越达科技聚焦企业创新能力关键环节，强化精准施策、优化创新服务、提振发展信心，园区运孵能力与外链资源整合调用，充分向企业释放最大价值。园区现育成高新技术企业 4 家、中小型科技企业 13 家，在孵企业 75 家；园区现有专利 30 余件，软件著作权 40 余件，并已落成运行吉林大学（越达）科技成果转化基地、国家技术转移东北中心越达科技产业园工作站，正加快共性技术研发载体引建。园区总体建设完成后，可接纳 300 余家高成长性科技型企业入驻。达产后，年产值将超过 110 亿元，将成为吉林省科技创新基地和上市企业孵化基地。越达科技产业园为入驻企业配套政策服务、信息技术服务、科技服务、金融服务、物业服务等六大赋能服务，满足企业在苗圃、孵化、加速等过程中的多维度需求。越达科技产业园始终致力于以顶配硬件资源、体系完善的产业服务，探索新业态、新模式、新路径，推动先进制造业和现代服务业相融相长、耦合共生。

2. 推动两业融合发展的主要做法

越达科技在为科技创新企业和双创团队打造一流硬件设施的同时，着重实现先进制造业与科技服务业的有机融合，通过整合研发设计、集成中试、检测认证、校企人才、融资上市等资源，打造系统化全产业链科技孵化服务，建立六大服务体系，为孵化企业提供普惠性、低成本、多样化的全面服务，包括但不限于知识产权管理、科技成果转移转化、专利技术交易、科技企业股权投资、融资上市、国外知识产权引入、科研院所联合研发、财税法务、市场运营等服务，以服务促进科技孵化、以科技孵化带动产业升级。近年来，越达科技产业园在科技孵化服务领域持续发力，以"众创空间＋技术孵化＋产业加速"为发展路径，充分发挥资源集聚优势，打造科技创新创业、成果转移转化新高地。

（六）长春北湖科技园

1. 园区基本情况

长春北湖科技园（以下简称"北湖科技"）总体定位为东

北亚重要的区域科技创新中心，北湖科技积极发展技术研发、文化交流、商务金融服务、生物医药、光电信息、新能源新材料、精优食品、现代物流、物流装备制造等产业。大力发展与物流相关的信息、管理、保险、金融等服务业，进一步加快基础设施建设，全力构建东北亚区域物流产业的新窗口、新通道和新平台，打造成为东北亚国际物流和供应链枢纽以及物流装备制造基地。同时，北湖科技加强区域科技与金融结合，加快科技成果转化，完善区域基础设施建设，提升城市综合服务能力，加强生态环境保护和湿地公园建设，推进文化旅游和体育健康产业发展，打造人文、科技与生态相融合的魅力城区。

北湖科技依托北科建集团十余年科技园区建设和运营经验，结合吉林省、长春市和长春新区科教、文化、产业和人才资源禀赋，经过近10年科技地产发展模式的生动实践，目前已引进落位各类科技、双创类企业和机构近700家，包括上市企业及分子公司20余家，培育国家级高新技术企业80余家，引进域外项目占比30%。2021年实现培育专精特新中小企业8家，其中国家级1家、省级2家、市级5家。截至2021年，园区已吸引创业、就业人才5500余人；园区累计创造知识产权3518件，其中发明专利1029件，软件著作权1639件，园区累计总收入超百亿元。

2. 推动两业融合发展的主要做法

第一，打造"创业苗圃、众创空间、孵化器、加速器、产业化、总部上市"一体化创新创业链条。北科建集团总结中关村园区的建设和运营经验，结合吉林省、长春市和长春新区资源禀赋，将北湖科技打造成"东北新硅谷、长春中关村"。北湖科技园区采用中关村式一体化开发模式，通过科学合理的科研、产业、生活、休闲娱乐功能布置，倾力打造集高科技园区、金融商务、生态住宅等产品形态于一体的高科技产业园区。北湖科技项目总体占地面积为66万平方米，其中科研产业建筑面积近50万平方米，电子信息、生物医药、先进材料、智能制造等战略性新兴产业为其主要发展方向。北湖科技的建设为"双创"发展提供了载体保障。北湖科技倾力打造了环境清新优美、空间布局合理的独栋研发、厂办一体楼，贝壳众创空间、贝壳训练营、贝壳私董会应运而生。园区集聚了初创期、孵化期、成长期等不同阶段的企业，以及企业从创客空间进入孵化器，从孵化器进入加速器，从加速器走进工业化生产发展的多个成功案例，实现了企业成长、园区发展、服务投资，形成了内部良性循环发展的创业生态。

第二，强化"金融服务、公共技术服务、市场对接"三位一体产业服务体系的支持作用。在科技园区中，比硬件设施条件、园区环境更为重要的就是创新创业的软环境。北湖科技始终坚持将科技园区产业服务体系与长春区域实际情况相结合，强化"金融服务、公共技术服务、市场对接"三位一体的产业服务体系的核心支撑作用，推动"产业链、创新链、资金链和服务链"资源高效融合，助力中小企业从创业源头就树立标准化、规范化、专业化、产业化的愿景，为企业的长期、良好发展打下了坚实的基础。北湖科技为园区内企业和创业团队每年提供精准服务上千次，涉及区域资源整合与对接、园区企业间资源合作、政府政策对接、人才招聘、企业培训、创业辅导和第三方资源（法务、财务）整合等。

第三，形成"专业化园区＋专业化平台＋专业化服务＋产业集聚"创新发展模式。

一是吉林省北湖生物技术公共服务平台。该平台由公共实验平台、项目孵化平台等双创要素组成，运营团队来自中关村生命科学园，带有"中关村基因"的公共服务平台铺垫了生物医药类小企业创业的"最后一步路"。平台配备国内一流、国际领先的荧光定量 PCR、超纯水仪、凝胶成像仪、大型离心机等各类设备 50 余台/套，以及万级细胞室、PCR 室、洗消间、标准生化实验室 40 余间，为生物医药类双创企业提供支持，极大地降低了创业成本，精准铺垫生物医药类小企业创业的"最后一步路"。

二是吉林省北湖医疗器械 CDMO 平台。该平台为医疗器械企业以及生物技术公司提供创新工艺研发及制备、工艺优化、放大、生产、注册和验证、批量生产以及商业化生产等服务。园区打造的专业化、国际化的医疗器械（含设备、试剂、试纸）产业孵化和加速平台可以提供"研发＋生产＋销售"（CRO＋CDMO＋CSO）一站式服务，旨在助力医疗器械企业合规合法低成本快速拿证。

三是吉林省北湖医药 CRO 平台。该平台是国内领先的临床前药物快速筛选全流程 CRO 平台，平台致力于提供更快速、更专业的临床前先导化合物快速筛选、药效学、药物代谢动力学、非 GLP 毒理学评价全流程服务；平台着力打造 2D 细胞筛选、类器官药物筛选、斑马鱼模式生物筛选、人源化小鼠药物靶点筛选，实现多模型、多模式、"体外＋体内"筛选结合；平台力求提供最真实的药物非临床、临床前药效数据。平台将踏实服务于吉林省医药产业，做吉林省传统医药产业腾飞的稳固基石，促进产业升级，润滑产业链条，减少研发成本，支持产业发展。

四是吉林省知识产权服务平台。北湖科技与吉林省科技大市场共同打造区域知识产权登记托管交易示范平台，有效促进知识产权交易和质押融资的广泛开展。该平台可有效增进政府、银行、保险公司、企业之间的相互了解，推进吉林省打造知识产权托管交易平台，推动吉林省金融助力科技创新行动计划的发展。

五是中科吉林科技产业创新平台。该平台以中科院为依托，结合吉林省优势产业资源，以孵化器为核心，聚焦战略性新兴产业，建设"众创空间＋孵化器＋投资基金＋创新产业园＋科技服务网"全孵化链条的科技创业孵化体系，全面提升公司的科技创新服务能力。平台构建了以知识产权为核心，集政策咨询、基金投资、创业辅导、财税管理、专项培训、资源对接、信息技术服务等多项服务于一体的创业创新孵化服务体系。

第四，构建"政府＋园区＋资源＋资本"的创新运营模式。科技金融平台是北湖科技服务体系的核心平台，具有股权、债权、咨询三大服务功能，于2016年12月正式启用，当前已服务机构40余家，"金融超市""金融管家"的服务模式兼备高效性与灵活性，成功对接的服务产品包括法人按揭、股权融资、抵押贷款等。由北科建集团与长春新区共同出资成立的种子基金投资金额2100万元，满足了入园企业的资金需求，同时所投资企业的良好发展和不断成长又保证基金投资收益状况良好，形成了国有资产保值增值和企业健康发展的双赢格局。园区与吉林省国科创新孵化投资有限公司合作的5000万元天使基金也开始投向创新创业科技企业，实现"基金＋基地"快速发展模式。园区与长春新区产业引导基金、金融机构、新区政府多方合作，强化"政府＋园区＋资本＋资源"的合作模式，吸引产业引导基金投资项目优先落地长春新区，助推科技企业在北湖科技园孵化成长。

（七）吉林省两业融合先进经验总结

1. 培育融合发展新业态、新模式

吉林省的一些企业及园区结合自身发展优势和产品特殊性培育了融合发展新业态、新模式。中车长客以建设智能工厂和加强产业链全生命周期管理的方式推动两业融合，实现了数据跨系统采集、传输、分析、应用，优化生产流程，提高效率和质量以及加强全生命周期管理的融合发展。长光卫星从建设智能工厂入手到推广柔性化定制，将制造业价值链由以产品制造为中心向以提供产品、服务和整体解决方案并重转变，并且企业也大力发展个性化定制、智能制造与运营管理以及整体解决方案等业务能力。东北袜业创新运用"平台（硬件）＋服务（软件）"培育新业态新模式，这一运作模式为全国首创，东北袜业实现了资源的高效分配和合理利用，生产效率行业领先，打造了"3天供应链"。另外，东北袜业加快工业互联网创新应用，还组织企业开展电子商务专业知识培训，实现线上线下全国销售一张网，建立牢固的销售渠道网络。

2. 以龙头企业为引导，发挥先进产业集群优势

以龙头企业为引导，鼓励现代服务业企业深度嵌入制造业

全产业链，推动制造服务业向智能化、产品化、定制化发展。如长光卫星从最初的"吉林一号"卫星星座到形成环保、应急、农林等领域8类专题产品，开发了"吉林一号"数据接引系统、"吉林一号"预处理与分析一体机、"全球重要目标服务平台"等4类平台产品，展现了其作为龙头企业由以产品制造为中心向以提供产品、服务和整体解决方案并重的转变，并鼓励推动制造服务业向智能化、产品化、定制化发展的方针策略。

3. 发挥先进产业集群优势，提升融合发展能级

吉林省依托两业基础雄厚的辖区园区，搭建融合发展平台，以此对先进制造业主导产业突出和转型需求迫切的市辖区、开发园区和企业提供两业深度融合的支持引导。同时，加强省内先进制造业基地与现代服务业集聚示范区的对接合作，支持建立一批特色鲜明、功能显著的两业深度融合公共服务平台。如北湖科技建设了吉林省北湖生物技术公共服务平台、吉林省北湖医疗器械CDMO平台、吉林省北湖医药CRO平台、吉林省知识产权服务平台、中科吉林科技产业创新平台5个发展平台。其中，中科吉林科技产业创新平台以知识产权为核心，构建集政策咨询、基金投资、创业辅导、财税管理、专项培训、资源对接、信息技术服务等多项服务于一体的创业创新孵化服务体系，提升企业的科技创新和服务能力，加快促进产业向高端化、高质化和高效化转型。企业在园区平台的加持下，可以推动优势产业延链强链，切实保障产业链、供应链安全，提升产业链、供应链稳定性和竞争力。

第七章

吉林省先进制造业和现代服务业融合发展的路径选择

为进一步挖存量、提增量、扩总量，推动吉林省两业融合高质量发展，在充分借鉴国外及先进地区经验基础上，结合吉林省发展实际，提出以下路径建议。

一 探索两业融合创新模式

（一）打造产业融合集群发展模式

以"六新产业"为方向，"四新设施"为重点，充分利用吉林省工业优势，以省内骨干企业为龙头，中小企业为主体，联合发展一批跨区域、特色鲜明、重点突出的产业集群，并打造与之配套协同的现代服务业产业集群，形成具有吉林省特色的"3＋X"万亿元级、千亿元级两业融合产业集群模式。

1. 万亿元级汽车产业融合集群

加快汽车制造和服务全链条体系建设，突出智能化、网联化、共享化，完善设计研发、整车制造、零部件配套、汽车物流、市场服务创新等汽车全产业链体系，以中国一汽为引领，搭载富维东阳集团、长春旭阳集团、长春马瑞利汽车照明系统有限公司等汽车产业相关企业，构建汽车产业高质量发展示范区，带动相关产业融合发展。

2. 万亿元级冰雪产业融合集群

积极利用吉林省内独特冰雪资源，化冰天雪地为金山银山，构建大长白山区域和吉林市两个"冰雪大区"，建设吉林国家冰雪经济高质量发展试验区、长白山国际生态休闲（冰雪温泉）旅游区，打造具有国际影响力的冰雪旅游带。构建滑雪运动、温泉养生、冬捕渔猎、地域文化等特色旅游产品，配套发展压雪车、造雪机、浇冰车、缆车、滑雪板、雪杖、冰刀等冰雪制造业，推动冰雪全产业链高质量发展。

3. 万亿元级农副产业融合集群

依托吉林省特色农副资源，实施千亿斤粮食、长白山矿泉水、"秸秆变肉"暨千万头肉牛、吉林人参产业发展等工程，鼓励电商、研发设计、文化旅游等服务企业，发挥大数据、技术、创意等要素优势，打造吉米、吉水、吉肉、吉参品牌，发展新零售，促进加工和消费融合发展。

4. 千亿元级精细化工产业融合集群

加快吉林石化炼油化工转型升级，推进精细化工产业围绕烯烃产业链向下游新材料延伸，推动化工新材料与终端产品同步设计、系统验证、批量应用。加快工业互联网创新应用，推动石油化工全要素、全产业链连接，完善协同发展产业生态。用好俄气俄油资源，推动油气进口、储运、加工、贸易、交易、服务全产业链融合发展，布局建设省内综合供能服务站，加快构建综合能源分销网络。

5. 千亿元级装备制造产业融合集群

支持企业加快建设智能工厂、工业互联网平台，大力发展高端工业软件，实现数据跨系统采集、传输、分析、应用，提升装备产业数字化、智能化水平，推进轨道交通、精密仪器与装备等向高端化、智能化、服务化发展。加快研制新一代高速智能动车组、标准地铁列车和高速磁悬浮列车等新产品，建设智能化轨道客车检修运维基地，提升整车制造、关键部件和检修运维能力。加快电气设备、农机装备、矿山冶炼和石化装备等传统装备产业转型升级。

6. 千亿元级医药健康产业融合集群

推动医药制造、健康服务以及相关产业的协同联动，构建"医、养、康、智"四位一体的大健康产业链。建设高端绿色制药研发平台、国家中药质量检测（北方）中心。打造辽源、通化、白山、梅河口、敦化等医药特色产业园区，组建国家北方小品种药物生产基地。充分发挥吉林省医药资源和自然资源优势，大力发展康养产业。推动健康装备与健康管理服务融合，加快区域医疗中心建设，加快与医疗服务平台集成，拓展远程健康管理、远程门诊等智能增值服务。

7. 千亿元级新能源产业融合集群

多元利用吉林风、光、水、氢、核、地热等可再生资源，加快建设西部"陆上风光三峡"、东部"山水蓄能三峡"和"全域地热三峡"等一批重大项目，发展风电及装备、智能控制系统、太阳能光伏发电及光伏产品制造产业。加大电力资源应用场景与产业支撑，依托电力产业集群建立云计算、大数据中心和新能源交通产业，推动吉林省数字经济发展和智慧城市建设。推进氢能和新型能源装备研发与新消费结合的示范应用，加速光伏制氢产业化、规模化应用。支持建设集实时监视、智能预警、统一调度、智能维护于一体的全生命周期智慧运维平台，企地携手打造高端智慧运维服务基地。积极开展低碳、零碳、负碳等关键核心技术攻关，增强新能源生产和供应能力，打造国家新能源生产基地和绿色能源示范区。

8. 千亿元级航空航天产业融合集群

以市场为导向，坚持航空航天装备制造与信息技术服务融合发展的业务模式，逐步形成涵盖卫星、通用航空、无人机遥感信息服务、整星、整机、零部组件、配套设备及应用系统等的业务内容。加快推进航天信息产业园建设和"吉林一号"卫星星座组网，打造卫星及应用全产业链。加快推进吉林省内通用机场建设，培育通用航空市场。建设以长春市、吉林市为核心的通用航空产业集群，构建集低空旅游、教育培训、航空体育、通用航空客货运输于一体的运营格局。

9. 千亿元级新材料产业融合集群

健全设计、研发、生产、检测、销售的全产业链体系，加强与材料有关行业的跨界融合，重点培育长春光电材料和生物基材料、吉林碳纤维、辽源铝型材、白山硅藻土、通化石墨电极等新材料产业基地。

（二）加强区域间紧密合作模式

结合吉林省"一主六双"高质量发展战略，依托产业促进区域合作。新材料产业依托中国科学院长春应用化学研究所和吉林大学的新材料研发能力，加快打造长春北湖精细化工新材料产业示范园、长春智能光谷产业园平台，对接吉林碳纤维、四平新型建材、辽源高精铝发展需求，带动产业形成规模。航空航天产业以长光卫星为龙头，对接四平、松原等地区，推动遥感信息在城市服务、环境监测、测绘服务等领域广泛应用。医药健康产业充分发挥长春医疗资源和生物医药研发能力，对接吉林市、松原市的生物化工优势，打造长吉图区域医药健康产业隆起带。

（三）搭建发展平台融合模式

建立研发设计、检验检测、创新孵化、现代物流、数字化转型等有利于现代服务业与先进制造业协同发展的公共服务平台，提供政策信息、法律法规、融资信息、服务需求信息等内容多元的信息服务。平台实行政府、企业/园区、资源、资本四位一体运营模式，强化金融、技术、市场三位一体服务体系的支持作用，推动产业链、创新链、资金链、服务链四链融合。平台建设了政策信息模块、产业专业技术模块、知识产权服务模块、金融模块等各类服务模块。其中，政策信息模块提供政策信息、法律法规、供求信息等内容多元的信息服务；产业专业技术模块提供研发设计、检验检测、创新孵化、现代物流、数字化转型等公共服务；知识产权服务模块提供对专利、商标、版权、著作权、软件等的代理、转让、登记、鉴定、评估、认证、咨询、检索等服务；金融模块提供融资信息、各类金融服务、政策性金融产品等服务。鼓励企业在平台共享信息技术，实现数据的互联互通与共享，并通过对信息进行整合、分类整理，为企业提供及时有效的信息，增强企业间的信息沟通效率，减少企业信息获取成本。此外，还可以为不同产业搭建多种类型的服务平台，如金融平台、研发设计平台等，有利于在先进制造业企业对现代服务业有需求时，快速找到相应的服务业企业，从而形成产业协同、资源共享的良性循环发展格局。平台载体可以使企业突破地理和空间的限制，更好地发挥合力作用。

二 推动两业融合交互发展

（一）加强先进制造业对现代服务业的牵导力

加快制造业企业转型升级和高质量发展，以制造业企业产业优势和发展需求带动现代服务业发展。顺应制造业企业服务功能外部化趋势，推进制造业企业服务业务外包分离，引导其改变"大而全""小而全"的观念，走专业化、高质量发展道路。

（二）提升现代服务业对先进制造业的推动力

从吉林省现代服务业发展基础和先进制造业发展需求出发，重点发展与制造业关联性强、拉动作用大的现代物流、金融、科技信息、服务外包、现代商务等生产性服务业。利用吉林省交通设备制造业的优势，全力推进现代物流业发展，建成东北乃至全国重要的现代物流基地。充分发挥长春市作为生产服务型国家物流枢纽的作用，通过要素整合与优化配置，为吉林省制造业规模化发展、国际化发展服务。依托长春国家自主创新示范区，大力推进知识密集型制造业与高技术服务业互动发展。打造东北地区重要的高新技术服务业高地。抢抓世界服务外包产业转移的新机遇，加快吉林省服务外包产业发展步伐。建立现代服务业园区，发挥吉林省认定的 82 家现代服务业集聚区示范引导作用，构造政府、园区、资源、资本四位一体运营模式，打造创业、孵化、加速、产业化、上市一体化创新创业链条，强化金融、技术、市场对接三位一体服务体系的支持作用，推动产业链、创新链、资金链、服务链四链融合。园区建设产业专业技术平台、知识产权服务平台、科技产业创新平台等各类服务平台，加速生产性服务业嵌入先进制造生产环节，推动先进制造业快速转型升级。

（三）建立以企业为主体的技术创新体系

通过深化改革，推动企业建立起不断追求技术进步的创新机制，使其真正成为科技投入、科研开发和科技成果转化的主体。支持吉林大学、长春理工大学、长春光学精密机械与物理研究所等高校、研究所和企业建设技术创新联盟，通过联合创新方式开展产品研发，提高科技成果转移、转化效率，增强产品竞争力。依托高校类、双创服务机构类、企业类双创基地，发挥基地制度创新、资源整合、科技成果、智力人才、产业链和平台方面的优势，激发和提升企业创新能力。大力发展大中型企业科研技术中心或研究开发中心，对标国际标准和国内有重大影响的核心技术，在关键技术和前瞻性技术方面，集中力量开展应用研究和创新研究。中小企业也应建立自己的技术依托，尤其是通过产学研合作，加强对先进适用技术的吸收和运用。加快新旧动能转换，推动增量崛起与存量变革协同并进。

（四）强化先进制造业和现代服务业信息数据复用

加快5G网络规模化，推进农村及偏远地区通信网络升级，推动5G、互联网、云计算、大数据、人工智能、物联网等技术与两业深度融合，推动新兴产业的高速发展和产业的转型升级。政府部门依托信息化基础设施建设推动大数据平台建设，实现数据共享和公共数据资源开发利用。加快全省两业融合数字化场景建设，打造数据模型和应用场景，构建线上智能诊断、在线监测、动态展示、政策扶持等模块，提升两业融合管理能力和服务效率。鼓励两业融合重点企业建立行业数据合作交流机制，依法开放自有数据，促进数据资源广泛流通，鼓励两业融合企业对公共数据进行研究、分析和挖掘，开展大数据产业开发和创新应用。建立数据全生命周期安全保护机制，确保数据安全。

三 培育两业融合试点单位

（一）培育两业融合试点园区（开发区）

以省级以上园区（开发区）为基础，重点选择产业发展基础强、基础设施条件好的区域，打造具有吉林省特色和产业优势的两业融合试点区域。着力打造长春智能制造产业园、中韩

（长春）国际合作示范区（医美医药产业园区）、双阳国际鹿产业融合发展示范园区、通化药材药品交易中心示范区、吉林冰雪装备－运动－旅游一体化示范区、梅河口精酿啤酒产业示范区、吉林人参产业示范园区、吉林公主岭国家农业科技园区等一系列具备特色和产业优势的园区。

（二）培育两业融合试点企业

以专业化平台型企业、引领性龙头企业和中小微企业集群生态为重点，认定和储备一批省级试点企业和单位，打造具有吉林特色的服务能力强、行业影响大的两业融合试点企业。认定中国一汽、吉林石化、中车长客、长光卫星、合心机械、金冠电气公司、吉通机械制造公司等试点入库企业，加强对试点企业创建评价工作，出台两业融合企业评价指标体系和标准体系，成效突出的试点单位在申报省专项资金项目、省重大产业项目或中央财政资金扶持项目时给予优先支持。

四 构建培育两业融合试点程序

（一）开展两业融合试点调研

由省发改委牵头成立调研小组，开展两业融合试点调研工作，可考虑采用调查问卷、访谈与实地调研等方式。问卷内容根据国家和先进省份两业融合试点单位标准内容综合设定，采用网上填报的方式发放问卷，由企业和区域单位填写；主要对省内代表性企业、区域负责人以及业内专家进行访谈；并选择代表性企业和代表性区域深入调研，以此对吉林省企业和区域两业融合发展规划、经营状况、科技创新、促进就业和税收等方面进行摸底，确定吉林省两业融合试点单位的资格条件。

（二）确定试点单位资格条件

在充分调研的基础上，通过参考先进省份和相近省份两业融合试点标准，结合吉林省调研实际情况，将试点单位分为企业和区域两种类型。

1. 试点企业

在全省龙头企业、行业骨干企业、专精特新企业、平台型企业等各类融合主体中认定和储备一批省级试点企业。申报企业应当是在吉林省内注册、具有独立法人资格的规模以上制造业企业和服务业企业。

具体标准如下：制造业企业具有行业优势地位，年营业收入超过 5 亿元，相关生产性服务收入占企业营业收入的比在 20% 以上，对行业发展具有重要影响和示范带动作用；生产性服务业企业具有较好的成长性，年营业收入超过 1 亿元，来自生产制造环节的营业收入占比在 10% 以上，市场满意度较高；供应链管理企业整合上下游资源能力较强，为制造业企业提供原材料采购、产品研发销售等专业化服务业务的收入占比不低于 50%。两业融合发展模式鲜明、特点突出、示范效应强的企业可不受上述条件约束，经所在地政府主管部门出具推荐意见后申报。

2. 试点区域

试点区域包括县（市、区）政府、省级（含）以上开发区、现代服务业集聚区。

具体标准如下：区域先进制造业主导产业突出，传统产业改造提升成效明显，制造业增加值占比在30%以上，区域年营业收入超过50亿元，两业融合发展基础较好，具有典型示范效应；现代服务业集聚区生产性服务业占主导地位，带动制造业转型升级基础较好，生产性服务业占服务业比重超过50%，区域年营业收入超过20亿元。

（三）设定试点单位评定程序

按照属地管理原则，由各市、县发展改革部门负责组织辖区内试点申报工作；由省发改委对申报试点单位进行形式审查，重点审查申报材料的完整性、可行性、特色性等内容；由省发改委成立专家组对初审通过的申报单位进行评审，主要从试点建设方案、发展规划、经营状况、两业融合度、科技创新等方面进行综合评审遴选，提出建议试点单位名单；按规定程序报经省政府同意后，确定为正式试点名单并公开发布。

（四）推进试点单位培育壮大

1. 优化政府服务

推进组建由省发改委牵头、省级有关单位共同参与的两业融合省级工作专班，建立完善专班工作机制，负责统筹推进全省两业融合试点建设工作。各市、县落实责任部门，做好辖区内试点申报工作，加强试点单位的指导服务。工作专班不定期召开会议，了解两业融合试点单位运行情况，协调解决具体问题，研讨并部署下一步工作任务。加强省市沟通机制，实现上下联动、高效协同的工作推进机制。深入开展两业融合"三服务"，对试点单位实行全程服务、精准服务、联动服务，加强对试点建设的政策支持和要素保障。

2. 引导市场服务

发挥市场机制作用，引导各类企业为试点单位提供政策咨询、技术研发、数据开发、人才引育、金融支持、项目策划等市场化服务，加快构建融合发展的良好生态。引导社会资本积极参与各级两业融合产业基金，支持重点企业、重大项目、重大工程等建设发展。

（五）开展试点单位评价评优活动

1. 完善监测评价体系

建立两业融合试点统计监测和年度评价工作机制，出台两业融合单位评价指标体系和标准体系，加强信息采集和监测分析，委托第三方机构开展试点建设年度综合评价。各试点单位做好建设运营、统计信息报送等工作。对国家、省、市级试点区域和试点企业进行动态跟踪、开展阶段性评价，成效突出的试点单位予以表彰，在申报省专项资金项目、国家级试点推荐、优秀案例评选、省重大产业项目或中央财政资金扶持项目时给予优先支持。对评价排名靠后，不能按时落实整改要求、不满足标准的试点单位予以摘牌。

2. 评选最佳实践

省两业融合工作专班组织对市、县推荐的试点单位采取部门打分、专家评定、网络投票等方式评选两业融合试点建设年度最佳实践。将获评年度最佳实践的试点单位负责人，增补纳入省两业融合专家库，不断充实社会服务队伍。

五　打造两业融合发展生态系统

（一）大力开展科研攻关

依托中国科学院长春应用化学研究所、中国科学院长春光学精密机械与物理研究所等科研院所、省内高校以及省内 348 家国家级和省级工程中心，对标国际标准和国内有重大影响的核心技术，在关键技术和前瞻性技术方面，集中力量开展应用研究和创新研究。同时，大力推进大中型企业科研技术中心或研究开发中心建设，发挥基地制度创新、资源整合、科技成果、智力人才、产业链和平台方面的优势，激发和提升企业创新能力。建立研发人员激励机制，推广股权激励，充分释放人才在高质量发展中的关键作用。

（二）建立产业科技创新联盟

聚焦新能源、新装备、新材料、新农业、新旅游、新电商、医药健康等重点领域，遴选具有研发优势的骨干企业为牵头单位，以产学研合作形式共同组建创新联盟，打造产业发展高端智库平台，开展产业关键技术联合攻关，推动创新链和产业链深度融合，帮助企业实现跨领域、跨地域、跨行业产业协同发展，对接科技、金融、文化等多种资源，深度参与和推动产业协同发展和社会协作机制建设。

（三） 健全科研成果转化机制

以吉林省工业技术研究院、吉林省科企技术转移转化研究院以及吉林省科技大市场等科研院所为中心，发挥研究院孵化器、加速器、放大器作用，凝聚市场、政府以及社会各方面力量，推动科技创新与成果转化。

（四） 鼓励跨界融合新模式

鼓励和引导科研院所、高等院校、职业学校以及科研、咨询、金融、投资、检测、知识产权等机构与企业积极对接，参与培育省内新产业新业态。通过各类组织与企业展开全方位联合，推动技术创新与产业融合互促共进，打造以制造业企业为中心，以其他机构为养分的两业融合生态系统。

六　强化两业融合政策保障

（一） 深化投融资支持，助力两业融合快速发展

在财政政策方面，设立两业融合专项资金，对两业融合领域相关项目建设和经营活动提供贷款贴息或补助，支持两业融合认定人才待遇给付等支出，发挥财政资金"四两拨千斤"作用，推动两业融合不断扩大规模。在金融政策方面，推广产业链金融服务模式，依托两业融合试点库企业上下游订单信息等，推介应收账款贷、结算流水贷。设立两业融合发展贷款损失风险补偿资金，将符合两业融合条件的贷款项目纳入风险补

偿范围，对合作金融机构为范围内企业或项目提供贷款所产生的本金损失，给予一定比例的补偿。支持和鼓励符合条件的企业采用上市发行股票融资、发行债券融资或者通过打包专利权、商标权、著作权等知识产权进行组合贷款获得发展资金。在税收政策方面，制定税收优惠、减税降费等政策，促进两业融合发展。实施存量和增量全额留抵退税。对企业出资给非营利性科学技术研究开发机构、高等学校和政府性自然科学基金用于基础研究的支出，在计算应纳税所得额时可按实际发生额在税前扣除，并可按 100% 在税前加计扣除。对非营利性科研机构、高等学校接收企业、个人和其他组织机构基础研究资金收入，免征企业所得税。对两业融合发展过程中的技术咨询、技术服务、中介服务等服务活动给予减免政策，两业融合高端人才个人所得税给予一定数额的减免。

（二）优化人才政策，提供两业融合智力支撑

一是加强人才培育。建立高校、研究院所、企业"产学研"三合一的人才培养机制，鼓励行业龙头企业与学校合作建设产业学院、技师学院等。二是加大人才激励。对有助于两业科技成果转化的人才提供补贴和奖励，通过设立现代服务业和先进制造业各类项目基金、科研课题等方式，引进高层次知识型、复合型、专业型人才。加大在住房、家属就业、医疗、子女入学等方面的政策落实力度。三是完善人才评价。对标吉林省人才政策 3.0，改革完善两业融合人才管理评价制度，探索建立两业融合复合型人才评价和职业发展通道体系，不断壮大两业融合人才队伍。

（三）完善用地政策，强化两业融合要素保障

在用地方面，加大对两业融合项目支持力度，鼓励地方创新用地供给，盘活闲置土地和城镇低效用地，针对两业融合项目探索开展业态复合、功能混合、弹性灵活的用地出让方式，实行长期租赁、先租后让、租让结合等供应方式。对企业利用原有土地建设物流基础设施，在容积率调整、规划许可等方面给予支持。同一宗土地上兼容两种以上用途的，可以依据建筑面积占比或功能重要性确定其主用途并确定供应方式。符合产业和用地政策，具备独立分宗条件的宗地允许进行合并、分割。制造业企业利用存量房产进行制造业与文化创新、研发设计、科技服务、"互联网＋"等融合发展的，可实行继续按原用途和土地权利类型使用土地的过渡期政策，保障两业融合发展用地需求。

（四）推动多元政策整合形成合力

明晰政策定位，突出促进两业融合发展导向。发挥政策牵头作用，坚持既定的两业融合政策整合原则，加大工作推进力度，形成较为成熟的整合优化意见。加强部门沟通联动，实行跨部门整合，优化政策文本和具体条款。强化政策结果，对达不到预期的政策予以完善或取消。实现上下协调、部门沟通、区域合作，乃至形成跨区域、跨层级、跨部门的多层次合作体系。

七　完善两业融合发展配套措施

（一）强化组织领导

强化两业融合顶层设计，各级政府相关部门建立专门领导小组负责指导服务、试点评选、政策支持和数字化建设等方面的工作。领导小组不定期召开会议，调度两业融合运行情况，协调解决具体问题，研讨并部署下一步工作任务。加强省级领导小组与地市领导小组的沟通机制，实施上下联动、高效协同的工作推进机制。

（二）推动两业融合项目加快实施

充分发挥项目带动作用，围绕吉林省两业融合发展，发挥项目专班作用，滚动谋划实施融合项目。加大招商引资力度，实行以商招商、产业链招商，推动项目早日落地。建立动态项目库，全过程跟踪调度项目进展，全要素服务项目建设，推动项目尽快投产达效。

（三）构建两业融合评价体系

开展两业融合监测评价体系研究，探索两业融合关键指标体系和监测标准，建立两业融合绩效评价体系，定期组织对两业融合数据进行采集和统计。对国家、省、市级试点区域和试点企业进行动态跟踪和开展阶段性评价。适时扩大评价范围，全面掌握全省两业融合进展状况，并将评价结果作为国家级试点推荐、省级试点选拔、优秀案例评选、扶持奖励的参考依据。

（四）加强两业融合宣传推广

举办两业融合宣讲活动和全省两业融合试点单位交流会，拍摄专门视频或者通过省内专刊进行报道宣传，提升两业融合影响力。鼓励试点园区和试点企业参与年度优秀案例和最佳实践成果评选，作为宣传典型通过现场会、视频会、网站及媒体等形式，向各地市和重点行业进行宣传推广。鼓励各地市通过省级媒体开展宣传报道，推动各地市两业融合深度开展。

参考文献

[1] Rowthorn R, Ramaswamy R. Growth, trade and deindustrialisation [J]. IMF Staff Papers, 1999, 46 (1): 18 – 40.

[2] Riddle D I. Service-led growth: the role of the service sector in world development [M]. New York: Praeger, 1986: 7 – 13.

[3] Grubel H G, Walker M A. Service industry growth: causes and effects [M]. Fraser Institute, 1989.

[4] Quinn J B, Doorley T L. Technology in services: rethinking strategic focus [M]. Washington D. C. : National Academy Press, 1988.

[5] Faeeell P N, Hitchens D M. Producer services and regional development: a review of some major conceptual policy and research issues [J]. Environment and Planning, 1990, 22 (9): 1141 – 1154.

[6] Eswaran M, Kotwal A. The role of the service sector in the process of industrialization [J]. Journal of Development Economics, 2002, 68 (2): 401 – 420.

［7］ Raff H, Ruhr M. Foreign direct investment in producer serv-ices: theory and empirical evidence ［M］. Mimeo, University of Kiel, 2001.

［8］ Cohen S, Zysman J. Manufacturing matters: the myth of the post-industrial economy ［M］. New York: Basic Books, 1987.

［9］ Lundvall B A, Borras S. The globalizing learning economy: im-plications for innovations policy ［R］. Programmer Report. Brussels: Commission of the European Union, 1998: 32 – 40.

［10］ Guerrieri P, Meliciani V. Technology and international com-petitiveness: The interdependence between manufacturing and producer services ［J］. Structural Change& Economic Dynam-ics, 2005, 4 (16): 489 – 502.

［11］ Park S H. Intersectoral relationships between manufacturing and service: new evidence from selected pacific basin countries ［J］. Asean Economic Bulletin, 1994, 10 (3): 245 – 263.

［12］ Porter M E. The competitive advantage of nations ［M］. New York: Free Press. 1990.

［13］ Hansen M. Do producer services induce regional economic de-velopment ［J］. Journal Regional Science, 1990, 30 (4): 465 – 476.

［14］ Veeraraghavan S, Scheller-Wolf A. Now or later: a simple policy for effective dualsourcing incapacitated systems ［J］. Operations Research, 2008, 56 (4): 850 – 864.

［15］ James M, Tien. Manufacturing and services: from mass pro-duction to mass customization ［J］. Journal of Systems Science and Systems Engineering. 2011, 20 (02): 129 - 154.

[16] Ulaga W, Reinartz W. Hybrid offerings: How manufacturing firms combine goods and services successfully [J]. Journal of Marketing, 2011, 75 (6): 5 - 23.

[17] Andersson M. Co-location of manufacturing & producer services. Center of Excellence for Studies in Science and Innovation [J]. Working Paper, 2004: 1 - 19.

[18] Franke R, Kalmabach P. Structural change in the manufacturing sector and its impact on business-related services: an input-output study for Germany [J]. Structure Change and Economic Dynamics, 2011 (16): 122 - 134.

[19] Lightfoot H, Biane T, Smart P. The servitization of manufacturing: a systematic literature review of interdependent trends [J]. International Journal of Operation & Production Management, 2013, 33 (11): 1408 - 1434.

[20] Alexandra Guamieri, Liu Pei. To what extent do financing constraints affect Chinese firms innovation activities [J]. International Review of Financial Analysis, 2014 (36): 223 - 240.

[21] Francois J, Woerz J. Producer services, manufacturing linkages, and trade [J]. Social Science Electronic Publishing, 2008, 8 (3 - 4): 199 - 229.

[22] Damijan J, Haller S A, Kaitlia V et. al. The performance of trading firms in the services sectors-comparable evidence from four EU countries [J]. The World Economy, 2015, 38 (12): 1809 - 1849.

［23］ Eswaran Mukesh, Kotwal Ashok. The role of the service sector in the process of industrialization ［J］. Journal of Development Economics, 2002, 68 (2): 401 − 420.

［24］ Cosimo Beverelli, Matteo Fiorin, Bernard Hoekman. Services trade policy and manufacturing productivity: The role of institutions ［J］. Journal of International Economics, 2017, 104 (1): 166 − 182.

［25］ Lanaspa L, Sanz-Gracia F, Vera-Cabello M. The (strong) interdependence between intermediate producer services, attributes and manufacturing location ［J］. Economic Modelling, 2016, 57: 1 − 12.

［26］ Lin Feng-Jyh , Lin Yi-Hsin. The determinats of successful R&D consortia: goverment strategy for the servitization of manufacturingf ［J］. Service Business, 2012, 6 (4): 489 − 502.

［27］ Martin Henning. Regional labour flows between manufacturing and business services: reciprocal integration and uneven geography ［J］. European Urban and Regional Studies, 2019: 1 − 13.

［28］ Claudio Di, Berardino Gianni, Onesti. The two-way integration between manufacturing and services ［J］. The Service Industries Journal, 2018: 1 − 21.

［29］ Leiponen A. The benefits of R&D and breadth in the Innovation strategies: a comparison of finnish service and manufacturing firms ［J］. Industrial and Corporate Change, 2012, 21 (5): 1255 − 1281.

［30］ Olausson D , Berggren C. Managing asymmetries in informa-tion flows and interaction between R&D, manufacturing and service in complex product development ［J］. R&D Manage-ment, 2012, 42 (4): 342 - 357.

［31］ Leticia Bla'zquez, Carmen Draz-Mora, Bele'n Gonza'lez-Di'az, The role of services content for manufacturing competitiveness: a network analysis ［J］. Plos One, 2020: 1 - 22.

［32］ 李蕾. 制造业升级对服务业发展的影响与启示 ［J］. 区域经济评论. 2018 (6): 54 - 62.

［33］ 毛艳华, 胡斌. 广东制造业与生产性服务业耦合互动发展的实证研究——基于2005—2014年面板数据的分析 ［J］. 华南师范大学学报 (社会科学版). 2017 (2): 11 - 17.

［34］ 王必锋, 赖志花. 京津冀高端服务业与先进制造业协同发展机理与实证研究 ［J］. 中国物资. 2016, 30 (10): 112 - 119.

［35］ 路丽, 陈玉玲. 我国制造业与生产性服务业协同水平测度及影响因素研究 ［J］. 工业技术经济. 2021 (5): 155 - 160.

［36］ 何文举, 李秋, 陈雄超等. 长株湘潭城市群产业协同度测度及影响因素研究 ［J］. 湖南工业大学学报 (社会科学版). 2020, 25 (3): 37 - 46.

［37］ 张虎, 周楠. 制造业与服务业协调发展及影响因素分析 ［J］. 统计与决策. 2019, 35 (11): 86 - 90.

［38］ 邬晓霞, 卫梦婉, 高见. 京津冀产业协同发展模式研究 ［J］. 生态经济. 2016, 32 (2): 84 - 87.

［39］ 魏丽华．京津冀产业协同水平测度及分析［J］．中国流通经济．2018，32（7）：120-128.

［40］ 许学国，王羊昕，杨文静．知识密集型服务业与先进制造业协同度分析与评价［J］．科技管理研究．2017，37（22）：52-59.

［41］ 王如忠，郭澄澄．全球价值链上先进制造业与生产性服务业协同发展机制——以上海市为例［J］．产经评论．2018，9（5）：30-43.

［42］ 唐晓华，张欣钰，李阳．中国制造业与生产性服务业动态协调发展实证研究［J］．经济研究．2018，53（3）：79-93.

［43］ 王晓亚，翁国阳．知识密集型产业协同度及影响因素研究［J］．中国科技论坛．2015（11）：47-53.

［44］ 张羽，蹇令香，宓淑婧．粤港澳大湾区产业的协同发展［J］．大连海事大学学报．2019，45（3）：24-31.

［45］ 向晓梅，杨娟．粤港澳大湾区产业协同发展的机制与模式［J］．华东师范大学学报（社会科学版）．2018（2）：17-20.

［46］ 于世海，张玲瑜，李晓庆等．先进制造业与生产性服务业共生状态分析——基于改进的 Logistic 模型对长江经济带的实证研究［J］．桂林理工大学学报．2019，39（3）：743-750.

［47］ 孙畅．中国高端服务业与先进制造业互动效应的非平衡性——基于要素分解视角的实证研究［J］．山西财经大学学报．2020，42（5）：61-75.

[48] 刘佳，代明，易顺．先进制造业与现代服务业融合：实现机理及路径选择 [J]．学习与实践，2014 (6)：23 - 34.

[49] 胡晶．先进制造业与现代服务业互动融合发展分析 [J]．新经济．2015 (22)：1 - 3.

[50] 韩民春，袁瀚坤．生产性服务业与制造业融合对制造业升级的影响研究——基于跨国面板的分析 [J]．经济问题探索．2020 (12)：150 - 161.

[51] 于洋，杨明月，肖宇．生产性服务业与制造业融合发展：沿革、趋势与国际比较 [J]．国际贸易．2021 (1)：24 - 31.

[52] 魏作磊，王锋波．广东省制造业与生产性服务业融合程度研究 [J]．兰州财经大学学报．2018, 34 (6)：1 - 13.

[53] 陈蓉，陈再福．福建省生产性服务业与制造业融合度测算及比较分析 [J]．福建农林大学学报（哲学社会科学版）．2018, 21 (4)：54 - 61.

[54] 苏永伟．生产性服务业与制造业融合水平测度研究——基于 2005—2018 年的省级面板数据 [J]．宏观经济研究．2020 (12)：98 - 108.

[55] 杜传忠，侯佳妮．制造业与服务业融合能否有效缓解服务业"成本病"——基于 WIOD 中国数据的经验事实 [J]．山西财经大学学报．2021, 43 (3)：28 - 42.

[56] 曹东坡，于诚，徐保昌．高端服务业与先进制造业的协同机制与实证分析——基于长三角地区的研究 [J]．经济与管理研究．2014 (3)：76 - 86.

[57] 李宁，王玉婧，韩同银．生产性服务业与制造业协同发展机理研究——基于产业、空间、企业活动多维视角

[J]. 技术经济与管理研究 . 2018 (7): 124 - 128.

[58] 陈晓峰，成长春 . 长江经济带高新技术产业协同发展的现实困境与机制创新 [J]. 南通大学学报 (社会科学版). 2019, 35 (3): 43 - 49.

[59] 张明之 . 区域产业协同的类型与运行方式——以长三角经济区产业协同为例 [J]. 河南社会科学 . 2017, 25 (4): 79 - 85.

[60] 向晓梅，杨娟 . 粤港澳大湾区产业协同发展的机制与模式 [J]. 华东师范大学学报 (社会科学版) . 2018 (2): 17 - 20.

[61] 杜君君，刘甜甜，谢光亚 . 京津冀生产性服务业与制造业协同发展——嵌入关系及协同路径选择 [J]. 科技管理研究，2015, 35 (14): 63 - 67.

[62] 李江帆 . 产业结构高级化与第三产业现代化 [J]. 中山大学学报 (社会科学版) . 2005 (4): 124 - 130 + 144.

[63] 徐国祥，常宁 . 现代服务业统计标准的设计 [J]. 统计研究 . 2004 (12): 10 - 12.

[64] 李大明，肖全章 . 现代服务业区域发展差异因素研究 [J]. 中南财经政法大学学报 . 2011 (4): 17 - 22.

[65] 杨韡韡，苗冉 . 我国现代服务业分类：基于聚类分析的定量研究 [J]. 商业研究 . 2014 (4): 17 - 24.

[66] 潘海岚 . 现代服务业部门统计分类的概述与构想 [J]. 统计与决策 . 2008 (3): 44 - 46.

[67] 龚唯平，查伟伟，薛白 . 先进制造业的三维理论模型及其特征 [J]. 学术研究 . 2008 (6): 74 - 79.

[68] 吴晓波，吴东，周浩军．基于产业升级的先进制造业理论模型研究 [J]．自然辩证法研究．2011，27（5）：62－67．

[69] 于波，李平华．先进制造业的内涵分析 [J]．南京财经大学学报．2010（6）：23－27．

[70] 王国平．产业升级中先进制造业成长规律研究——以上海先进制造业发展为例 [J]．中共中央党校学报．2009，13（2）：29－34．

[71] 郑大庆，曾庆丰，刘兰娟等．先进制造业与信息化融合类型分析 [J]．科技管理研究．2010，30（18）：181－183＋186．

[72] 商黎．先进制造业统计标准探析 [J]．统计研究．2014，31（11）：111－112．

[73] 张肖婉．黑龙江省现代服务业与先进制造业协同发展研究 [D]．哈尔滨商业大学．2021．

[74] 胡晓鹏，李庆科．生产性服务业与制造业共生关系研究——对苏、浙、沪投入产出表的动态比较 [J]．数量经济技术经济研究．2009，26（2）：33－46．

[75] 贺正楚，吴艳，蒋佳林等．生产服务业与战略性新兴产业互动与融合关系的推演、评价及测度 [J]．中国软科学．2013（5）：129－143．

[76] 刘军跃，李军锋，钟升．生产性服务业与装备制造业共生关系研究——基于全国31省市的耦合协调度分析 [J]．湖南科技大学学报（社会科学版）．2013，16（1）：111－116．

[77] 毛艳华，胡斌．广东制造业与生产性服务业耦合互动发展的实证研究——基于2005—2014年面板数据的分析 [J]．

华南师范大学学报（社会科学版）.2017（2）：11-17.

[78] 高智，鲁志国.系统耦合理论下装备制造业与高技术服务业融合发展的实证研究 [J].系统科学学报.2019，27（2）：63-68.

[79] 李虹，张希源.区域生态创新协同度及其影响因素研究 [J].中国人口·资源与环境.2016，26（6）：43-51.

[80] 张树义.论上海先进制造业与现代服务业的融合 [J].现代商业，2007（23）：191-192

[81] 王玉珍.浅论现代服务业与先进制造业的耦合与发展 [J].市场周刊（理论研究），2008（5）：3-6

[82] 周晔.先进制造业与现代服务业的融合发展及其启示 [J].开发研究，2010（6）：118-121.

[83] 张晓莺.江苏先进制造业与现代服务业的融合发展研究 [J].中国物流与采购，2011（19）：70-71.

[84] 刘兆麟.湖北：先进制造业与现代服务业融合发展的思考 [J].宏观经济管理，2012（4）：70-72.

[85] 刘川.产业转型中现代服务业与先进制造业融合度研究——基于珠三角地区的实证分析 [J].江西社会科学，2014（5）：59-65.

[86] 周景丽.山东省先进制造业与现代服务业融合动因分析 [J].科技视界，2017（24）：17-18.

[87] 孙金城.先进制造业和现代服务业怎么深度融合 [N].人民政协报，2019-6-19.

[88] 张同庆.促进滨海新区先进制造业港口经济与现代服务业融合发展 [J].港口经济，2013（3）：5.

［89］ 胡晶．工业互联网、工业4.0和"两化"深度融合的比较研究［J］.学术交流，2015（1）：151－158.

［90］ 宣烨．要素价格扭曲、制造业产能过剩与生产性服务业发展滞后［J］.经济学动态，2019（3）：91－104.

［91］ 颜廷标．推动先进制造业与现代服务业的深度融合［N］.河北日报.2019－1－9（007）.

［92］ 邓洲．制造业与服务业融合发展的历史逻辑、现实意义与路径探索［J］.北京工业大学学报（社会科学版）.2019（4）：65－67.

［93］ 段海燕，赵瑞君，佟昕．现代装备制造业与服务业融合发展研究——基于"互联网＋"的视角［J］.技术经济与管理研究，2017（1）：119－123.

［94］ 成青青．江苏先进制造业与现代服务业深度融合发展研究［J］.中共四川省委党校学报.2019（4）：50－60

［95］ 盛朝迅．应以新思路推进先进制造业和现代服务业融合发展［N］.中国经济时报.2018－12－21（005）.

［96］ 张志超．推进先进制造业和现代服务业深度融合［J］.全国流通经济，2019（22）：146－147.

［97］ 黄抒予，王馨悦．河南推动先进制造业和现代服务业深度融合分析［J］.科技经济市场.2020（3）：76－78.

［98］ 迟福林．以高水平开放推动先进制造业和现代服务业深度融合［N］.经济参考报.2019－09－16（001）.

［99］ 黄烨菁．何为"先进制造业"？——对一个模糊概念的学术梳理［J］.学术月刊，2010，42（7）：87－93.

［100］ 郭巍，林汉川．北京市发展先进制造业的行业评析与研

究［J］.北京工商大学学报（社会科学版），2010（6）：103 – 109.

[101] 李舒翔，黄章树.信息产业与先进制造业的关联性分析及实证研究［J］.中国管理科学，2013，21（S2）：587 – 593.

[102] 曹红涛.中国对外直接投资对先进制造业发展的影响研究［D］.武汉：武汉大学，2017.

[103] 刘振元.先进制造业生成机理及演化成长动力研究［D］.武汉：武汉理工大学，2019.

[104] 彭本红.现代物流业与先进制造业的协同演化研究［J］.中国软科学，2009（S1）：149 – 153.

[105] 原磊，王加胜.传统产业改造和先进制造业发展［J］.宏观经济研究，2011（9）：18 – 24.

[106] 凌永辉，张月友，沈凯玲.生产性服务业发展、先进制造业效率提升与产业互动——基于面板联立方程模型的实证研究［J］.当代经济科学，2017（2）：62 – 71.

[107] 周振华.现代服务业发展：基础条件及其构建［J］.上海经济研究，2005（9）：21 – 29.

[108] 钟云燕.现代服务业的界定方法［J］.统计与决策，2009（6）：168 – 169.

[109] 洪群联.中国先进制造业和现代服务业融合发展现状与"十四五"战略重点［J］.当代经济管理，2021，43（10）：74 – 81.

[110] 李子文.发达国家推动制造业和服务业融合发展的政策实践及启示［J］.中国经贸导刊，2020（26）：52 – 55.

[111] 徐贵宝. 国际先进制造业科技服务融合发展模式与效果分析 [J]. 信息通信技术与政策，2021，47（5）：43 – 48.

[112] 张幸，钟坚，王欢芳. 中国先进制造业与现代服务业融合水平测度及影响因素研究 [J]. 财经理论与实践. 2022，43（03）：135 – 141.

[113] 徐金. 现代服务业与先进制造业融合发展水平、差异及影响因素研究 [D]. 山东财经大学，2022.

[114] 张灵，董阳. 推动广东省先进制造业和现代服务业融合发展 [J]. 今日苑. 2021（12）：70 – 81 + 94.

[115] 洪群联. 先进制造业和现代服务业融合发展的区域实践—基于 40 家国家两业融合试点区域的观察 [J]. 宏观经济管理. 2023（09）：78 – 85.

[116] 胡春春. 现代服务业与先进制造业融合发展评价指标体系探究 [J]. 合作经济与科技. 2023（20）：37 – 39.

[117] 杨金艳. 东北老工业基地现代服务业与先进制造业融合发展研究 [D]. 哈尔滨商业大学. 2021.

[118] 迟福林. 先进制造业与现代服务业融合发展趋势研究 [J]. 行政管理改革. 2023（05）：4 – 11.

[119] 郭慧敏，夏菁，顾咪娜，余盛盈. 浙江先进制造业和现代服务业深度融合发展研究 [J]. 统计科学与实践. 2023（03）：15 – 18.

[120] 刘晓超，董延军，任锋. 推进河南省先进制造业与现代服务业互动融合发展研究 [J]. 现代工业经济和信息化. 2022，12（12）：1 – 3 + 9.

［121］张肖婉.黑龙江省现代服务业与先进制造业协同发展研究［D］.哈尔滨商业大学.2021.

［122］金致远,许捷,姚鸟儿.浙江省先进制造业与现代服务业深度融合发展研究［J］.现代工业经济和信息化.2023,13（07）:47-49.

［123］国家发改委产业司.成都市经开区深入推动汽车制造与现代服务业融合发展［Z/OL］.2020-12-18.［2023-08-22］.https:∥www.ndrc.gov.cn/xwdt/ztzl/rhsdjyzf/1sdqy/202012/t20201218_1254982.html.

［124］陈雯.张家港市何以成为全国唯一全县域开展"两业融合"试点的城市?［N］.中国战略新兴产业,2021-05-28.

［125］国家发改委产业司.宁波市北仑区以产业高端化为核心深度开展两业融合试点［Z/OL］.2021-01-08［2023-08-22］.https:∥www.ndrc.gov.cn/xwdt/ztzl/rhsdjyzf/1sdqy/202101/t20210108_1264644.html.

［126］国家发改委产业司.安徽合力公司以两业融合促智能化发展［Z/OL］.2021-02-23［2023-08-22］.https:∥www.ndrc.gov.cn/xwdt/ztzl/rhsdjyzf/sdqy/202102/t20210223_1267732.html.

［127］上海市发改委.上海市金山区加快两业双向融合 创造产业发展新契机［Z/OL］.2021-12-31［2023-08-22］.https:∥www.ndrc.gov.cn/xwdt/ztzl/rhsdjyzf/1sdqy/202112/t20211231_1311202.html.

［128］卜文娟.两业融合经验交流｜两业融合中的"西青方

案"：做大做强五条重要产业链［Z/OL］.澎湃，2022 -
06 - 13［2023 - 08 - 22］. https：//m. thepaper. cn/baijia-
hao_18550027.

［129］ 卜文娟. 贵阳经济技术开发区：推动传统产业全链条数
字化转型［N］.中国战略新兴产业，2022 - 06 - 30.

［130］ 国家发改委. 赋能制造转型升级 两业融合激发内生动
力——专访国家发展改革委产业司负责人［Z/OL］.
2022 - 09 - 13［2023 - 08 - 22］. https：//www. ndrc. gov.
cn/xwdt/ztzl/rhsdjyzf/gzdt6/202209/t20220915_1335559.
html.

［131］ 国家发改委产业司. 郑州经开区借两业融合东风推动经
济高质量发展［Z/OL］.2020 - 10 - 19［2023 - 08 - 22］.
https：//www. ndrc. gov. cn/fggz/cyfz/fwyfz/202010/t2020
1019_1248386_ext. html.

｜附　录｜

国家及各省份两业融合试点入库标准汇总

	试点单位				试点企业						备注
	城市辖区（县级行政单位）		园区（开发区）		制造业		生产性服务业		向生产延伸的服务业		
	制造业增加值占比（%）	年生产总值（亿元）	制造业增加值占比（%）	年营业收入/年生产总值（亿元）	年营业收入（亿元）或细分行业市场排名	服务业投入占比（%）	年营业收入（亿元）或细分行业市场排名	服务业投入占比（%）	年营业收入（亿元）或细分行业市场排名	服务业投入占比（%）	
国家标准	≥30	无	无	≥100	年营业收入10亿元以上，或在细分行业市场占有率排全国前5名的企业				服务业投入占比在20%以上		园区是指纳入《中国开发区审核公告目录》的开发区

续表

各省份标准	试点单位				试点企业						备注
	城市辖区（县级行政单位）		园区（开发区）		制造业		生产性服务业		向生产延伸的服务业		
	制造业增加值占比（%）	年生产总值（亿元）	制造业增加值占比（%）	年营业收入/年生产总值（亿元）	年营业收入（亿元）或细分行业市场排名	服务业投入占比（%）	年营业收入（亿元）或细分行业市场排名	服务业投入占比（%）	年营业收入（亿元）或细分行业市场排名	服务业投入占比（%）	
经济发展较好省份 江苏	无	无	无	≥100	年营业收入10亿元以上或在细分行业市场占有率排名全国前5名，服务业投入占比在20%以上						园区是指纳入《中国开发区审核公告目录》的开发区
浙江	≥30	无	无	≥100	年营业收入10亿元以上或细分行业市场占有率排名全国前10名，服务业投入占比在20%以上						园区是指纳入《中国开发区审核公告目录》的开发区
河南	无				年营业收入10亿元以上或在细分行业市场占有率排名全国前10名，服务业投入占比在20%以上						无
湖北	无	无	开发区≥30%；现代服务业≥50%	≥50	≥5	≥20	≥1	≥10	无	≥50	园区包括开发区和产业园区

续表

		试点单位				试点企业						备注
		城市辖区（县级行政单位）		园区（开发区）		制造业		生产性服务业		向生产延伸的服务业		
		制造业增加值占比（%）	年生产总值（亿元）	制造业增加值占比（%）	年营业收入/年生产总值（亿元）	年营业收入（亿元）或细分行业市场排名	服务业投入占比（%）	年营业收入（亿元）或细分行业市场排名	服务业投入占比（%）	年营业收入（亿元）或细分行业市场排名	服务业投入占比（%）	
经济发展较好省份	湖北	无	无	现代服务业示范园区：服务业增加值占比≥50%，生产性服务业占比服务业比重≥50%	≥30	≥5	≥20	≥1	≥10	无	≥50	园区包括开发区和产业园区
	湖南	≥30	无	无	≥100	≥5；排名前列	≥15	≥1	≥15	无	无	园区包括开发区和产业园区

续表

	试点单位				试点企业						备注
	城市辖区（县级行政单位）		园区（开发区）		制造业		生产性服务业		向生产延伸的服务业		
	制造业增加值占比（%）	年生产总值（亿元）	制造业增加值占比（%）	年营业收入/年生产总值（亿元）	年营业收入（亿元）或细分行业市场排名	服务业投入占比（%）	年营业收入（亿元）或细分行业市场排名	服务业投入占比（%）	年营业收入（亿元）或细分行业市场排名	服务业投入占比（%）	
经济发展较好省份 广东 山东 四川 福建	标准模糊，分为申报主体、推荐单位和申报条件三项内容，具体见附件										信息技术与制造业融合标准
经济发展中等省份 安徽	≥30	无	无	≥50	≥2：前10名	≥20	≥1	≥20	无	≥2	园区是指纳入《中国开发区审核公告目录》的开发区
河北	无	无	无	无	无	≥10	无	生产制造营收占比≥5%	无	≥50	无
江西	无	无	无	≥200	≥5：排名前列	≥15	无	≥15	无	无	试点区包括开发区和产业园区

续表

		试点单位				试点企业						备注
		城市辖区（县级行政单位）		园区（开发区）		制造业		生产性服务业		向生产延伸的服务业		
		制造业增加值占比（%）	年生产总值（亿元）	制造业增加值占比（%）	年营业收入/年生产总值（亿元）	年营业收入（亿元）或细分行业市场排名	服务业投入占比（%）	年营业收入（亿元）或细分行业市场排名	服务业投入占比（%）	年营业收入（亿元）或细分行业市场排名	服务业投入占比（%）	
经济发展中等省份	陕西	标准模糊，分为共性条件和专项条件两项内容，具体见附件										服务型制造业示范企业标准
	辽宁	标准模糊，分为共性条件和专项条件两项内容，具体见附件										服务型制造业示范企业标准
	云南	标准模糊，分为申报主体、推荐单位和申报条件三项内容，具体见附件										信息技术与制造业融合标准
	山西	标准模糊，分为申报主体、推荐单位和申报条件三项内容，具体见附件										信息技术与制造业融合标准
	内蒙古	标准模糊，分为申报主体、推荐单位和申报条件三项内容，具体见附件										互联网与制造业融合标准
经济发展相近省份	广西	无										无
	宁夏	较高	无	无	≥100	年主营业务收入超5亿元，或在细分行业拥有较高的市场占有率，或在细分行业拥有较高的市场知名度和品牌影响力和品牌影响力比较大						园区是指纳入《中国开发区审核公告目录》的开发区
	青海	≥30	无	无	≥50	年营业收入10亿元以上，或在细分行业市场占有率全国前20名的企业，服务业投入占比在20%以上						园区是指纳入《中国开发区审核公告目录》的开发区

续表

	试点单位			试点企业							备注
	城市辖区 （县级行政单位）	园区（开发区）		制造业		生产性服务业		向生产延伸的 服务业			
	制造业 增加值 占比 （%）	制造业 增加值 占比 （%）	年营业收 入/年生 产总值 （亿元）	年营业收入或 （亿元） 细分行业 市场排名	服务 业收入 占比 （%）	年营业收入或 （亿元） 细分行业 市场排名	服务 业收入 占比 （%）	年营业收入或 （亿元） 细分行业 市场排名	服务 业收入 占比 （%）		
甘肃											信息技术与制造业融合标准
海南											信息技术与制造业融合标准
西藏	标准模糊，分为申报主体、推荐单位和申报条件三项内容，具体见附件									无	信息技术与制造业融合标准
贵州											无
新疆											无
黑龙江											无
经济发展相近省份											

图书在版编目（CIP）数据

吉林省先进制造业与现代服务业融合发展研究／李
硕等著. -- 北京：社会科学文献出版社，2023.12
ISBN 978 - 7 - 5228 - 3083 - 4

Ⅰ.①吉… Ⅱ.①李… Ⅲ.①制造工业 - 产业融合 -
服务业 - 产业发展 - 研究 - 吉林 Ⅳ.①F426.4
②F726.9

中国国家版本馆 CIP 数据核字（2023）第 244362 号

吉林省先进制造业与现代服务业融合发展研究

著　　者／李　硕　李　阳　刘东来　刘宇涛

出 版 人／冀祥德
组稿编辑／任文武
责任编辑／方　丽　张丽丽
责任印制／王京美

出　　版／社会科学文献出版社·城市和绿色发展分社（010）59367143
　　　　　地址：北京市北三环中路甲 29 号院华龙大厦　邮编：100029
　　　　　网址：www.ssap.com.cn
发　　行／社会科学文献出版社（010）59367028
印　　装／三河市龙林印务有限公司

规　　格／开　本：787mm×1092mm　1/16
　　　　　印　张：11.75　字　数：130 千字
版　　次／2023 年 12 月第 1 版　2023 年 12 月第 1 次印刷
书　　号／ISBN 978 - 7 - 5228 - 3083 - 4
定　　价／88.00 元

读者服务电话：4008918866